新时代艺术学课程思政 100 例

王鹤　著

天津大学出版社
TIANJIN UNIVERSITY PRESS

内容简介

全书共九章，分别介绍了艺术学课程思政建设的背景与特点、艺术学课程思政示范课建设情况、课程思政精品课——学期建设示例、公共艺术表现技法、课程思政设计实训——动物保护主题、课程思政教学实训——智能设备反思主题、课程思政教学设计实训——传统文化主题、课程思政教学设计案例简评、从学习者反馈看课程思政教学效果。最后通过数十份师生反馈来检查课程思政教学的实践效果。

本书主要为全国高等教育、职业教育领域艺术学各专业教师、教学管理者释疑解惑，也可供其他学科教师参考。同时，本书也兼具设计类教材的功能，除教学创新外，也对中国传统文化、生态、植物仿生等当前最新的设计教学课题进行了全面展示与大量范例介绍，有助于提升专业教学水平，也可满足对设计前沿感兴趣的社会学习者的需求，市场前景广阔。

图书在版编目（CIP）数据

新时代艺术学课程思政100例 / 王鹤著. -- 天津 : 天津大学出版社, 2024.1
ISBN 978-7-5618-7289-5

Ⅰ. ①新… Ⅱ. ①王… Ⅲ. ①高等职业教育－思想政治教育－教学研究－中国 Ⅳ. ①G711

中国版本图书馆CIP数据核字(2022)第147620号

出版发行　天津大学出版社
地　　址　天津市卫津路92号天津大学内（邮编：300072）
电　　话　发行部：022-27403647
网　　址　www.tjupress.com.cn
印　　刷　北京盛通数码印刷有限公司
经　　销　全国各地新华书店
开　　本　787mm×1092mm　1/16
印　　张　12.25
字　　数　276千
版　　次　2024年1月第1版
印　　次　2024年1月第1次
定　　价　48.00元

写在前面

2018 年，天津市为推进十九大精神以及习近平新时代中国特色社会主义思想“三进”工作，深入挖掘每门课程的思政内涵，决定在全市高校开展新时代“课程思政”改革精品课建设工作，确保每门课程与思想政治理论课同向同行。《天津市高校新时代“课程思政”改革精品课建设方案（征求意见稿）》中提出了相应课程的建设标准：“课程思政”改革精品课必须具备“价值塑造、能力培养、知识传授”三位一体教学目标。思政教师为学生传授专业的思政知识，而其他专业教师则要结合自身所讲课程的特点，在教学过程中有意、有机、有效地对学生进行思想政治教育。笔者在天津大学主讲的“设计与人文——当代公共艺术”由学校推荐参加 2018 年天津市高校新时代“课程思政”改革精品课评选，因为教学目标与方案中的要求相契合，展示出特色鲜明的课程思政教学成果而入选；2020 年，该课程又获批国家级一流线上线下混合式课程。2019 年，笔者任负责人的“全球公共艺术设计前沿（翻转）”被评为天津大学第一批“课程思政”示范课；2021 年，该课程又获批首批国家级课程思政示范课。所以，笔者在进行课程思政建设方面有一定的实践积累与心得。分享这些实践经验与心得亦成为编写《新时代艺术学课程思政 100 例》的出发点。

这两门课程切实将习近平新时代中国特色社会主义思想深度融入课堂教育教学，打造相对清晰的公共艺术发展模式，响应十九大号召，“推进绿色发展”，“倡导简约适度、绿色低碳的生活方式”。这两门课程将生态文明意识与创作学习结合起来，使中国特色公共艺术建设真正成为生态文明建构的有机组成部分；将兼具不同艺术设计专业特征、涵盖范围广、适应性强的公共艺术专业教学融入普通高校公共艺术教育体系，建设形式新颖的艺术设计通识课程，以充实艺术设计通识课程体系，提升学习者的兴趣；在提升学习者综合素质之外，也可为我国艺术、科技创新人才培养做出贡献。将这些一线实践成果与师生体会呈现出来，是编写这本书的第二出发点。

这本《新时代艺术学课程思政 100 例》就是基于这两点，对天津市高校新时代“课程思政”改革精品课“设计与人文——当代公共艺术”和国家级课程思政示范课“全球公共艺术设计前沿（翻转）”两门慕课的课程思政探索当中的经验加以总结，创造出“知行践研，卓新广微，稳变放控，得艰励同”的课程思政体系化建设模式，通过整整 100 个案例集中展现笔者在课程建设方面多年来所取得的成果，包括特殊时期的改革、具体的教学设计、不同种类的专题训练，以便与对课程思政感兴趣，特别是对艺术学科课程思政感兴趣的同学和老师分享，希望能进一步促进课程思政在全国范围的推广与普及，为我国高校艺术学科（兼及其他学科）立德树人发挥更大作用。

本书共九章。第一章、第二章、第三章、第四章偏重理论，介绍了在艺术学科中建设课程思政的背景，以国家级课程思政示范课“全球公共艺术设计前沿（翻转）”和国家级一流线上线下混合式课程、天津市高校新时代“课程思政”改革精品课“设计与人文——当代公共艺术”的建设为例，结合课程思政体系化建设方法的实践，阐述了从教师、课程、教学评价和学生获得感四个方面集中进行的改革，并突出展现在充分发挥在线教学新媒介作用的基础上将思政课影响向专业课和通识课延伸取得的显著成效。

第五章、第六章、第七章偏重实践，分别进行了动物保护主题、智能设备反思主题、传统文化主题 3 个主要主题的训练。每 1 个训练内部包含了经典案例、任务书、要求以及专业和通识组同学各 10 份完整的作业详解。作业详解中又包括对辅导内容的介绍，其中一部分包括师生问答。最后是教师从 5 个方面给出的评语，以全面展现课程思政教学的过程。

由于课程思政与社会关系紧密，仅仅 3 个训练主题难以展现全景，因此第八章用 4 个方面 20 份不同主题的同学作业的简评，进一步拓宽课程思政教学训练的涉及面。第九章是师生反馈，从多个角度通过师生的文字展现课程思政教学效果。

全书九章内容理论与实践结合，环环相扣，希望能对全国有志于课程思政建设的教师与同行有一定的启迪作用。

国家级课程思政示范课“全球公共艺术设计前沿（翻转）”师生合影

王鹤

2022 年 5 月

目　　录

第一章　艺术学课程思政建设的背景与特点

课程思政是近年来高等教育领域的重心之一。课程思政教学需要广大院校、教师按照中央精神与部署，秉承顶层设计理念，系统推进而非单打独斗；发扬精神的同时用好技术；科学评价的同时严格把控，做到放中有控；转变教学理念，充分发挥学习者的主观能动性，做到相信群众，依靠学生，从而培养合格的、经得起考验的社会主义接班人。

第一节　课程思政建设如何推进

在艺术学范畴内，课程思政建设应如何推进？这是一个摆在艺术类高校和综合高校艺术学科领导层和教师面前的需要马上解决的问题，需要统一思路后立即落实实施。

要想回答这个问题我们要对以下内容有正确认识。首先，应弄清课程思政是什么。课程思政，重心在思政，即在大学专业课（非思政课）教学中，要融入思想观念、政治观点、道德规范等思想政治教育，将中国特色社会主义与中国梦宣传教育、理想信念教育等在专业课教学中自然体现出来。课程思政教学从本质上来看做的是人的工作，而且这是一项高度个性化的工作，需要通过师生交流实现教学效果优化的目标，比专业课程教学需要更多的一对一交流，甚至需要关注受教育者的表情、语气。即使在在线教学技术已经高度发达的今天，这种交流方式依然是通信工具所不能完全取代的。

其次，课程思政建设关键在教师。2019 年 3 月 18 日，在北京召开的学校思想政治理论课教师座谈会中，习近平总书记强调，“办好思想政治理论课关键在教师，关键在发挥教师的积极性、主动性、创造性”，“思政课教师，要给学生心灵埋下真善美的种子，引导学生扣好人生第一粒扣子”。（《习近平重要讲话单行本（2020 年合订本）》，人民出版社，2021 年，第 282 页、第 283 页）思想政治教育是帮助学生树立正确世界观、人生观、价值观的重要途径。现在，中国注重提高学生的综合素质，所以思想政治教育不仅是思政教师的责任，更是每一位教师的责任与义务。

专业课和通识课教师作为课程思政教学目标的制定者、教学内容的设计者以及教学效果的评价者，相比单纯地传授专业知识，他们要在课程思政教学上投入更多心血。以 2018 年度立项的天津市高校新时代“课程思政”改革精品课为例，所有主讲教师和课题组都根据“价值塑造、能力培养、知识传授”三位一体的教学目标重新修订了教学大纲，重新编制了全套教案，录制了示范视频。从在天津大学等多所学校的调研来看，教师们对课程思政有高度的热情，但是在新型冠状病毒肺炎疫情（简称“疫情”）防控常态化下，必然要在在线教学上投入更多时间和精力以熟悉线上教学平台的使用,那么在这种情况下,应如何保证课程思政教学目标的实现呢?

最后,课程思政示范课程的建设以及学生学习反馈等,在疫情防控常态化期间都会发生新的变化。大部分学生长期无法返校,缺少校园环境的文化浸润与无形约束,加之相对孤单,情绪难免波动。同时,疫情防控常态化期间国际形势复杂,部分西方政客、媒体抹黑中国形象。年轻、社会经验少又缺少沟通的大学生更需要提高明辨是非的能力,需要师长引领;班级、院校集体要想保持强大的凝聚力、向心力和动员力,也需要思想政治教育的深入推进。所以,课程思政建设不但一定要坚持,而且任务更重,时间更为紧迫。

综上所述,艺术学课程思政建设如何推进?课程思政教师首先应深刻领会中央精神。2020年4月8日,习近平总书记在中共中央政治局常务委员会会议上对国内疫情形势做出了精准研判和指示。我们应该以此为准,做好较长时间以常态化思维进行社会调研、在线教学、学生工作、教材编撰等各项工作的准备。在时间紧、任务重的复杂处境中,通过坚持底线思维,积极运用新技术,相信群众,发动学生,做好课程思政建设工作,立德树人,培养合格的、经得起考验的社会主义接班人。

第二节 顶层设计 系统推进

2020年,中国能够在较短时间内控制住新型冠状病毒肺炎(简称“新冠肺炎”)疫情,很大程度上是因为发挥了社会主义制度“全国一盘棋”“集中力量办大事”的制度优势。从中央制定政策、调拨资源、理顺关系等举措中,都可以清晰看到顶层设计的强大力量。在新冠肺炎疫情防控常态化期间推进课程思政建设,时间紧、任务重,更要从宏观布局,一所学校如此,院系甚至一位教师、一门课程更应如此。从笔者作为天津大学课程思政示范课文体组牵头人所做的实际工作来看,一门课程的课程思政建设不可能面面俱到,否则会落入重复建设的窠臼,也会令教师和学生无所适从。一门课程是应该着重于中华优秀传统文化教育、中华优秀传统美德弘扬,还是职业文化传播、工匠精神培养,或是革命传统教育、国防教育、劳动教育?我们应当把握重点,组织教学管理部门、教师团体或课题组开展顶层设计,利用不同专业、不同类型的课程组成课程群来实现多样化的课程思政教学目标;统筹课堂教学、第二课堂、创新创业和教材建设来实现“三全育人”“五育并举”的人才培养目标。在此基础上精确配置资源,教务部门以成果为导向将有限的资源配置给最优的课程,教师将教案准备、案例选取优先配置给突出“立德树人”的教学内容。基于此,一所学校内部甚至不同学校之间的课程思政建设都能在顶层设计的指导下,避免重复建设,形成鲜明特色。

胸怀高远还要脚踏实地。做好课程思政建设的顶层设计,还需要系统推进。从系统科学的角度看,系统是自成体系的组织,是相同或相类似的事物按一定的秩序和内部联系组合而成的整体。对教师来说,课程思政建设不能简单地被看成章节名称的改变或单纯内容的增删,他们应当将课程思政建设与自身理论学习、革命圣地走访、道德修养建设紧密结合,进而形成合力,践行传统文化对知识分子的要求——“知行合一”,更要做到教学实践、科学研究和社会服务紧密结合,从而实现“践研不悖”,以保证在传授专业、通识知识与技能的同时,坚定信仰真理,从而更好地为年轻学子解惑。

一门课程思政精品课或课程思政示范课程,要将最优的课堂教学组织或教学视频与最新的教育信息技术工具结合,宣传党和国家的政策,介绍祖国最新的科技进步与建设成就,做到“卓而弥新,广且精微”。“知行践研,卓新广微,稳变放控,得艰励同”课程思政体系化建设方法(见图 2-1),已经在天津大学“三全育人”“五育并举”人才培养综合改革工作会议闭幕会上宣讲,并多次开放对外观摩、宣讲,取得显著成效。关于这一方法,本书第二章将会详尽阐释。

第三节　发扬精神 用好技术

人的精神力量一旦被激发,便是无穷的。从红军长征、在“一穷二白”中建设新中国,到研制“两弹一星”,再到众志成城抗击新冠肺炎疫情,共产党员总是冲锋在前,在这些过程中涌现出了众多可歌可泣的英模。相对于医务工作者,高校教师虽身处后方,但同样通过“停课不停学”为抗击疫情贡献自己的力量。随着疫情防控进入常态化,高校教师,特别是课程思政教师、党员教师更要充分增强政治责任感,不打折扣地落实中央精神与教育部的各项部署规定,在教学、科研、社会服务工作等方面有所担当,用更饱满的激情,用更多的投入来克服疫情防控常态化期间课程思政建设时间紧、任务重的困难。如果说疫情防控常态化是一场持久战,那么发扬精神、用好技术就是党员教师在战时的应有表现。

发扬精神绝不等同于蛮干,不是盲目熬夜,做重复劳动,拖垮身体。这一次中国能够以较短时间控制住新冠肺炎疫情,很大程度上靠的就是对先进技术的采用。无论是广大公众居家时解决生活问题的发达电商与便捷的数字化支付,还是利用扫码结合大数据追踪无症状感染者;无论是第一时间公布病毒基因序列,还是借助装配化建筑技术 10 天建好火神山医院:先进技术在此次抗击新冠肺炎疫情中都发挥了重大作用。教育工作者应该积极从这一身边活生生的思政案例中汲取营养,积极利用好教育信息化技术的最新成果。从调研中可以看到,在很多教师积极投身在线教学建设,甚至成为广受学生热爱的“网红主播”的同时,还有很多教师不熟悉教育信息化技术,认为可以使用部分并非为教学设计的视频会议软件度过特殊时期即可。但疫情防控的常态化要求高校教师必须迎难而上,全员学习,理解在线教学的内核与本质,高质量掌握在线平台、课堂工具使用技术,学会用大数据分析学情,学习利用即时通信工具与学生互动。更进一步,如能用好青年学生喜爱的短视频平台,用最容易为年轻人所接受的画面、语言传达党的声音,介绍中华民族面对自然灾害与外敌入侵时百折不挠的历史，介绍当代中国全方位的建设成就，更是艺术学课程思政教师在尽可能短的时间内所要掌握的必备技能。笔者也总结了多年自身课程思政建设的经验和天津大学疫情防控期间的调研成果，以期能为课程思政建设提供参考（见图 1-1、1-2）。

"天津大学课程思政十条"

育德育才一体，站好三尺讲台
身教重于言教，坚持以情感人
勇担时代使命，拓展课程内容
注重价值引领，创新教学方法
促进全面发展，夯实课程基础
遵循教学规律，打造示范课堂
挖掘思政元素，强化教材建设
课程相向而行，教师结对互助
扎根基层组织，强化标准引导
凝聚多方合力，紧密配合协同

图 1-1　笔者接受委托主笔的"天津大学课程思政十条"

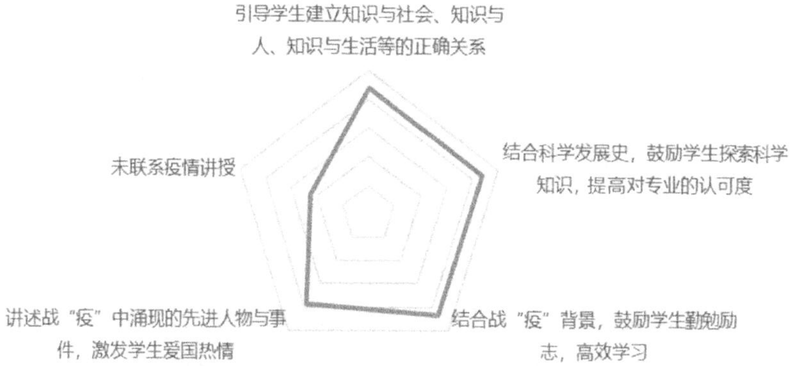

图 1-2　疫情防控期间天津大学通过问卷调查整理出结合疫情的课程思政资源

第四节　科学评价 放中有控

课程思政建设的效果如何评价，一直是各领域关注的热点。是依旧使用价值判断的陈旧评价方式一考了之，还是探索多元化的、更为学生喜爱的个性化评价方式？这个问题看似容易选择，实则有众多制约。疫情防控常态化期间，课程思政建设如何推进，应该说没有经验可循，可实际上危中有机，可以借鉴宏观经济领域或重大科研项目攻关中的好办法，如：充分评估风险，小步快跑，以循序渐进的思路进行课程改革；以科学评价为原则，把稳教学方向，变更教学内容，放开教学评价，严格把控过程，既保证抗疫期间教学活动顺利开展，又要为课程长远建设打下坚实的基础。

把稳教学方向，即根据国家政策和需求，结合自身调查研究，把稳课程思政教学方向。疫情防控常态化期间，专业课与通识课教师应当和思政教师密切联系，在教学主管部门的统一调动下结对互助，同时应当保证大多数运用于教学的科研成果均获得过社科优秀成果等各级奖项（见图 1-3），为把稳课程思政教学方向奠定基础，以确保特殊时期课程思政建设大方向不动摇。

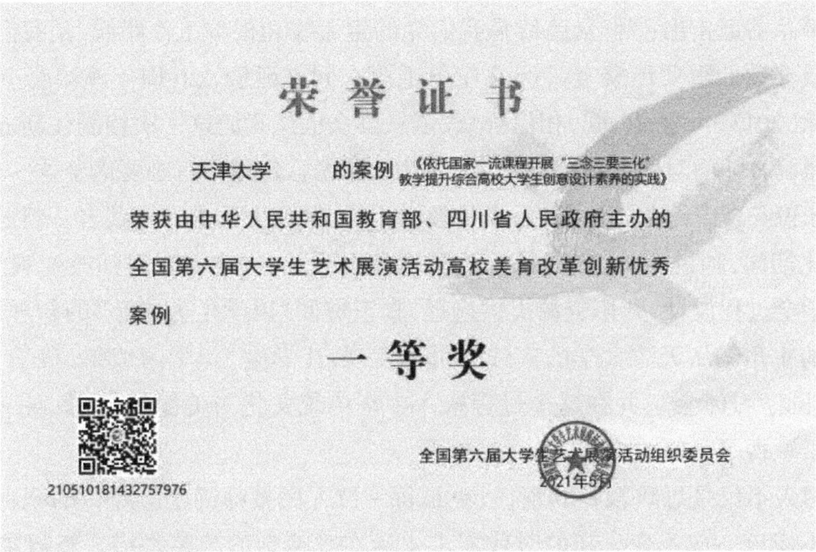
荣誉证书

天津大学　的案例《依托国家一流课程开展"三念三要三化"教学提升综合高校大学生创意设计素养的实践》

荣获由中华人民共和国教育部、四川省人民政府主办的全国第六届大学生艺术展演活动高校美育改革创新优秀案例

一等奖

210510181432757976

全国第六届大学生艺术展演活动组织委员会

2021年5月

图 1-3　教学成果获全国第六届大学生艺术展演活动高校美育改革创新优秀案例一等奖证书

变更教学内容，即根据统一部署与新教学目标，更新全套教学内容，并不断保持更新状态，在活跃的课堂讲评气氛（见图 1-4）中积极引导年轻学子关注时事，树立做国家栋梁的高远志向。

图 1-4　活跃的课堂讲评气氛

放开教学评价，始终根据国家政策和形势变化，灵活调整教学评价的主题与方式方法。例如，传统上，生态公共艺术设计训练的重点往往在防雾霾上，如今急需考虑的则是有效回收利用以及“人类命运共同体”和“一带一路”沿线国家共同的环境问题等。

第五节　相信群众 依靠学生

习近平总书记指出：“群众路线是我们党的生命线和根本工作路线，是我们党永葆青春活力和战斗力的重要传家宝。”（《在纪念毛泽东同志诞辰 120 周年座谈会上的讲话》，人民出版社，2013 年，第 17 页）相信群众、依靠群众也是我们这一次控制住新冠肺炎疫情的得力武器。教师面对的群众就是学生。所以，课程思政建设有必要借鉴这一思路，不对学生进行知识和理念的单方面灌输，而是教学相长，做师生共进的实践者。新冠肺炎疫情防控常态化期间，师讲生听、齐聚教室的局面会很罕见，这就需要教师改变观念，更精细地开展教学全过程设计，开拓资源提供途径，真正贯彻“以学生为中心”的新理念，让学生成为教学的主角。从天津大学的实践中可以发现，让学生“得学习成果、艰学习过程、励学习典范、同学习体会”，并在这个过程融入中华传统文化与美德教育，做到“得之惟艰，励在大同”，取得了良好效果。

立德树人不仅是思政教师的责任，更是每一位人民教师终生应履行的职责。教育教学不会也不应该一成不变。新的时代需求永远在呼唤新的改革举措。新冠肺炎疫情防控常态化正是这样一个契机，我们要将变动的外部环境和各种技术上的制约转化成推进课程思政系统建设的催化剂。有志于教育教学创新的教师更要抓住这一契机，勇立潮头，以坚定的课程思政改革意志与方向，培养新一代明是非、识大局、眼界广、技能强的社会主义事业接班人，为中华民族的伟大复兴做出扎实并闪亮的贡献！

第二章　艺术学课程思政示范课建设情况

天津市高校新时代“课程思政”改革精品课（以下简称“天津市课程思政精品课”）“设计与人文——当代公共艺术”和国家级课程思政示范课“全球公共艺术设计前沿（翻转）”两门课程在将课程思政与公共艺术结合方面进行了深入探索，后者于 2019 年 7 月被评为天津大学“课程思政”示范课，2020 年被评为优秀示范课，2021 年被评为首批国家级课程思政示范课。这一章从课程思政设计思路、评价与成效、特色与创新等方面对其进行介绍。

第一节　课程思政总体设计思路

两门课程在明确问题的基础上，主要针对当前课程思政领域的“六不”现象，力求建立课程思政体系化方法，并通过社会实践使学生有所得，并以此来衡量建设成效。

一、立足调研，明确问题

两门课程在课程思政建设方面主要针对的是当前高校课程思政建设领域存在的“六不”现象。

1. 专业教学只重才技，不重立德树人

调研中发现，高校大多数教师对课程思政的概念认识不足，认为立德树人是思政教师的任务，专业课、通识课教师只需讲授知识技能即可。所以要引领专业课教师认识自身责任，明确育人使命是课程思政建设中的重要任务。

2. 思政内容生硬插入，不成逻辑体系

调研中发现，课程思政建设中存在只重案例插入、忽视整体改革、盲目增加讲授内容、与“以学生为中心”的教学改革大方向背道而驰的现象。所以，教师需要捋顺课程思政建设与课程建设、以学生为中心的最新教学理念之间的关系，并基于此设定逻辑框架。

3. 建设主体人课分离，不重自身建设

部分专业课教师认识到课程思政建设的重要性，但认为做好课程本身的建设即可，无须进行自身建设，忽视课程思政建设关键在教师的核心点，制约了育人过程的可持续发展。

4. 课程思政方法陈旧，不求创新

部分课程思政教学沿用“满堂灌”的陈旧教学方法，没有与教育信息化背景下的教学创新结合起来，极大影响了建设效果。

5. 评价忽视以学生为本，不出效果

部分课程对课程思政建设效果的评价多以知识点的增加为衡量标准，忽视了以学生为本的理念，没有将学生的收获作为主要衡量标准，与社会需求和就业脱节，效果难以量化衡量。

6. 教师有热情但缺少方法，不得要领

在面向天津大学每年新入职教师的培训和全国多所院校的培训、讲座中发现，部分教师有热情，但对课程思政的概念、本质与内在规律认识不足，对将课程思政建设与本学科教学结合缺少信心，缺少理论引领，导致建设活动不成体系，投入虽大，但无用功多。

二、形成系统科学的建设方法

课程在习近平总书记关于“其他各门课都要守好一段渠”重要讲话的指引下，在教育部印发的《高等学校课程思政建设指导纲要》的指导下，根据天津市课程思政精品课要求，瞄准天津大学新工科建设需求，贴合“三全育人”“五育并举”人才培养方案，在上千名线下同学和数万线上学习者学习基础数据积累的基础上提出“知行践研，卓新广微，稳变放控，得艰励同”课程思政体系化建设方法。该方法强调从关键在教师、基础在课程、重心在思政、成效在学生四个角度进行体系化建设（见图2-1），即：知行践研——课程思政教师应知行合一、践研不悖；卓新广微——课程思政依托课程应卓而弥新、广且精微；稳变放控——思政内容融入应做到稳中求变、放中有控；得艰励同——学生应做到得之惟艰、励在大同。

图2-1 “知行践研，卓新广微，稳变放控，得艰励同”课程思政体系化建设方法框架

三、注重训练成果产生社会价值

综上所述，两门课程以马克思主义基本原理、系统科学和中华传统文化为指导，被评

为天津大学“课程思政”优秀示范课，引导学生围绕师德公约、抗疫主题开展设计并多次获奖。通过线上线下培训，教师认识并科学建设课程思政，使其引发热烈学术讨论，形成广泛社会影响。

在这里可以举两个案例。比如在新冠肺炎疫情防控期间，为了有力支持一线医护人员，笔者积极组织学生在课程框架内参加“你好，中国就好！”公益作品征集活动及“抗疫新力量，青年有担当”作品征集活动，多名同学获奖，成果在全国范围展示，弘扬了正能量，有效激发了学生的学习热情，也为全国共克时艰做出贡献（见图 2-2）。

图 2-2　学生抗疫参赛作品

再如在天津大学建校 125 周年文创产品设计大赛中，笔者辅导学生开展师德公约主题文创产品设计就是课程利用专业知识推进课程思政建设的成果体现。

2020 年 9 月，在天津大学建校 125 周年文创产品设计大赛中，王鹤副教授应党委教师工作部委托，在天津大学“课程思政”示范课框架下，辅导学生翟翊淇、孙锦文设计的师德公约主题文创产品——师风师德系列印章正式入选。该印章由一个主印章和四个小印章组成，主印章图样选取北洋园校区东门及主楼的场景，并印有《天津大学师德公约》；四个小印章图样分别选取北洋纪念亭、第九教学楼、卫津路校区东门、求是亭四处具有代表性的天大地标建筑的形象，分别对应师德公约内容中的“天职、大业、师矩、德守”内容，旨在提醒、引导教师践行师德规范，严格遵守职业操守。该文创作品从大赛颁布规则即开始构思，不断修改，经过初评、终评，最终从参赛的海量作品中脱颖而出，成为最终入选的十余件作品之一，彰显了天津大学对师德师风建设的高度重视，也是师生利用专业技能构建校园文化的成果体现（见图 2-3、2-4）。

图 2-3　同学红色文创作品

图 2-4　第九届数字艺术大赛获奖证书

第二节　课程思政效果评价与成效

一、考核机制

课程评价依托智慧树平台,采取评分制,即学习进度 20 分(良好学习习惯)、见面课表现 20 分(积极参与互动)、章测试 10 分(巩固所学知识)、设计成果训练 50 分(全面检验所学),具有四个突出特点:特色鲜明,效率优先;分值精确,兼顾公平;类型全面,结合综合评价和社会评价;实战出发。

公共艺术创新设计方案(期末作业,占总成绩的 70%)评价标准见表 2-1。

表 2-1　公共艺术创新设计方案评价标准

基本要求		评价标准				成绩比例(%)
		优秀	良好	合格	不合格	
公共艺术设计方案	正确理解公共艺术方案的主题意义,立德树人(支撑毕业要求 1、2)	与所选环境从物理和人文两个角度均有较高契合度	仅从一个重要角度与所选环境有较高契合度	与所选环境契合的程度不理想,甚至存在抵触之处	没有考虑到与环境的契合度	15
	了解公共空间艺术方案环境契合度,了解环境宜居度(支撑毕业要求 3)	比较深地切入社会生活层面,成功表达艺术主张,引起公众关注	能够传达出具有普遍性的主题,如环境保护、适度使用智能设备等	没有充分注重主题意义表达,或以构成美感为主不适合表达主题意义	没有明确主题意义或主题意义不正确	15
	了解并能初步创造公共艺术方案形式美感(支撑毕业要求 1、2)	设计方法运用得当,符合形式美法则,色彩、材质、肌理等表现得当	设计方法基本正确,符合大多数形式美法则,色彩、材质、肌理有一项到两项表现不当	设计方法不够正确,仅符合少数形式美法则,色彩、材质、肌理大多表现不当	不具备基本形式美感	15
	熟悉公共艺术方案功能便利性,了解公共艺术的社会责任(支撑毕业要求 6)	充分考虑功能提供,人体工程学原理运用合理,功能提供与形式美感结合理想	考虑到功能提供,人体工程学原理运用基本合理,但功能提供较生硬,与形式结合不自然	基本没有考虑到功能提供,缺少与公众互动的途径	不具备基本功能	15
	基本掌握公共艺术方案图纸表达,掌握排版技能(支撑毕业要求 6、7)	工作量充足,图纸类型丰富,逻辑清晰,视觉效果突出	工作量比较充足,图纸类型、表达逻辑和视觉效果中有一项不理想	工作量达到要求,图纸类型、表达逻辑和视觉效果中有两项不理想	图纸表达不符合基本要求	10

著名教师发展工作专家庞海芍老师等均对此考核机制给予高度评价,从多数院校反馈和上百位学习者写来的感言可见,该考核方式大幅提升了普通高校大学生的审美素养,激发了他们的创意设计潜能。

二、成效衡量

两门课程的成果的推广特点是注重线上线下结合，注重教师培训和学生教学结合，注重学术影响和社会影响结合。

1. 助力课程升级，立项各级“金课”

两门课程的成果的推广效果首先通过助力各级“金课”立项衡量。负责人主讲的“设计与人文——当代公共艺术”获评国家级一流线上线下混合式课程、天津市课程思政精品课；主讲的“全球公共艺术设计前沿（翻转）”获评天津大学“课程思政”校级示范课。经验无保留地向天津大学课程思政示范课文体组 13 门课程思政示范课普及，助力打造 10 门求是学部课程思政示范课。育人内容助力课程建设全面上水平（见图 2-5、2-6、2-7）。

图 2-5　设计学类国家级全国首批一流课程建设交流展在鲁迅美术学院举办，“设计与人文——当代公共艺术”从说课视频到示例的全套内容与全国同行见面

图 2-6　王鹤老师（右）与课程共建的马克思主义学院栾淳钰老师（左）

天津大学2019年
“课程思政”示范课建设立项证书

王鹤 老师：
您申报的“全球公共艺术设计前沿（翻转）”课程，经过专家评审和学校审核，准予立项建设“课程思政”校级示范课，建设周期一年。望您精心设计，高水平建设，打造“课程思政”“金课”。
特发此证。
天津大学
二〇一九年七月

图 2-7　“全球公共艺术设计前沿(翻转)”课程获批天津大学“课程思政”校级示范课

2. 助力制度落地，打造思政宣言

两门课程的成果将课程思政实践经验理论化，通过开辟咨询意见渠道，助力《天津大学课程思政实施方案》改进完善并落地。负责人主笔的天津大学课程思政宣言——“育德育才一体，站好三尺讲台”“身教重于言教，坚持以情感人”等共十条，已在全国发布，助力天津大学课程思政建设走上正规化道路，并在全国范围产生辐射效应。

3. 助推教师培训，衍生多套方法

两门课程的成果注重通过教师培训，从源头引导教师认识课程思政的意义并进行实际建设。负责人将成果视频发布在超星教师发展中心，并按照天津市教委要求录制示范课视频向全市高校发布，通过连续对天津大学新教师进行培训，为全校教师与主要领导进行课程思政示范课介绍，与北京理工大学教师、全国相关学科青年教师群体交流等方式助推教师培训，帮助大批教师直接借鉴相关方法打造课程思政示范课，以期对衍生相关建设方法有所启迪(见图 2-8)。

图 2-8　王鹤老师在唐山师范学院的课程思政建设讲座，该校 500 余名教师分三个会场同时收听

4. 提升学生收获感，作业普遍落地获奖

两门课程布置了体现社会主义核心价值观、爱国情怀与家国情怀、生态保护等的训练内容，经过每学年一千余学时的讲授、一千余线下学生与数万线上学生的实践（见图 2-9），已经有 40 余位学生的作业在各类比赛中获银奖、铜奖等各级奖项，超过 300 份学生作业在教材、教改期刊中出版或发表。学生参赛包装作品在东乡县落地实施，助力扶贫事业。笔者应天津大学党委教师工作部要求，以师德公约为题辅导学生参加天津大学建校 125 周年文创产品设计大赛并获奖。

图 2-9 借助在线直播技术开展课堂教学

5. 扩大学术影响，多次讲座宣讲

两门课程的成果经过国际教学与学术会议、“以学生为中心”的教学创新研讨会、河北省金课联盟研讨会、南开大学京津冀研究性教学会议等多次会议宣讲，部分内容（有关教师自身建设方面的内容）在国际会议海报展示。介绍天津市课程思政精品课抗疫期间建设的论文发表于英文刊物，产生海外影响。

6. 主流媒体推广，读者反响热烈

两门课程的成果通过《光明日报》《中国青年报》等主流权威纸媒向全国读者推广，如《光明日报》发表的《在防疫大考中答好课程思政这道题》就对申报成果的“稳变放控”做了全面阐释。结合中国日报网、凤凰网等新媒体推广，一系列报道渠道权威，受众精确，产生热烈反响。

第三节　课程思政改革特色与创新

一、提出系统科学为轴、传统文化与信息技术为翼的课程思政建设新方法

“知行践研，卓新广微，稳变放控，得艰励同”课程思政体系化建设方法这一由四方面、十六个基本要素与六十四个节点组成的建设方法，将系统科学的严谨逻辑与组织力量、传统文化的精神力量与传播潜力、信息技术的普及功能与放大效应有机结合在一起，符合新时代国情与高等教育发展实情，已经产生显著影响，具有突出推广潜力。

二、打造一流课程为主、教材出版与教学研究为辅的课程思政贯彻新路径

以上这一建设方法使笔者负责的四门课程获评国家一流线上线下混合式课程和天津市课程思政精品课、天津大学“课程思政”优秀示范课等并在课程思政建设上取得了实在成果。天津大学、南开大学近两千名学生通过天南大互选课获益，还有三个平台的全国十余万学习者受益。在课程之外，笔者还出版 11 部教材，主持天津市教委社科重大项目“高校设计学科课程思政体系化构建的机制研究”、天津市社科规划教育学项目等多项课题，发表教学研究论文十余篇，增强理论深度，打造多层次的学术贯彻路径。

三、培育标本兼治为核、教师培训与学生学习并重的课程思政推广新理念

一种课程思政建设方法在一所学校使用，固然有很大意义，但辐射范围终归有限。所谓“治标”，就是将科学的课程思政建设方法向全国教师推广，由点到线，帮助教师群体形成正确的建设理念。随后再借由这一方法，由线到面，进而引申出可推广的课程思政建设方法论，以便于其他课程教师、其他专业学科建设符合专业特点和课程特点的课程思政融入方法，标本兼治，使课程思政建设发挥出最大功效。

四、形成个性培养为纲、社会评价与个人反馈为本的课程思政评价新机制

两门课程实现每学期四个“一千”——负责人在课程内每年保证一千余标准学时工作量，指导一千余名线下学生，每学期指导邮件上千封，每学期利用教学工具和平台讨论区答复上千条问题和意见。课程采用的独特的“一分钟讨论法”，保证师生一对一讨论（线上、线下），严格过程管理，保证作业主题正确以及学习过程的理想状态。同时，社会激励机制的引入，提升了学生学习的积极性，带给学生更多获得感（见图 2-10、2-11）。此外，通过对学生的课程感言、体会进行质化研究，总结反馈成果用于教学改进，形成闭环。

图 2-10 第九届全国高校数字艺术设计大赛金奖作品，以动物保护为主题的课程作业《丰碑——墓碑》（王浩翼，指导教师为王鹤）

图 2-11　第九届全国高校数字艺术设计大赛金奖证书

第三章　课程思政精品课——学期建设示例

2020 年初突袭的新冠肺炎疫情在党中央英明有效的决策、医护人员勇敢献身的精神和全国人民的共同努力下在中国得到遏制。共克时艰，教育界不能缺席，为实现“停课不停教、停课不停学”，教育部印发有关疫情防控期间在线教学的指导意见，保证了教学计划的开展。在这种特殊时期，高校与教师不但不能因为线下教学改为了在线教学就忽略了课程思政，反而应该把课程思政作为提升教学质量、稳定学生情绪的有力抓手，课程思政精品课应该担起比普通课程更重的责任，进行更大力度的教学改革，应用教育信息化技术，在立德树人方面取得更为显著的成果，以作为教育工作者抗疫的实际贡献。

天津市高校新时代“课程思政”改革精品课“设计与人文——当代公共艺术”能够在特殊时期及时适应并全面推进在线教学，能够灵活地调整教学评价模块，与课程本身深厚的积淀与牢固的在线教学基础分不开。因此，在介绍课程特殊时期的改革之前，有必要先介绍课程之前所取得的建设成效以及科学体系设计。

第一节　“设计与人文——当代公共艺术”介绍

“设计与人文——当代公共艺术”（见图 3-1）是一门在世界科学、艺术与高等教育发展新形势下面向综合大学不同专业学生开设的艺术通识课程。课程经过 3 年前期建设，于 2014 年 3 月在天津大学开设；2014 年 7 月，获批成为天津大学、南开大学互选课程，分别面向两所大学每届不同专业的学生授课；2015 年由超星公司录课，2017 年课程视频上线，开始借助视频资源探索混合式教学（见图 3-2）；2018 年建设为天津市高校新时代“课程思政”改革精品课，2019 年通过验收。

2018 年，课程视频升级版本在中国大学 MOOC（慕课）上线，课程的混合式教学迈入新的阶段。课程以丰富的在线资源为基础，以“通专融合”为目标，活用翻转课堂工具，通过成果导向、开放评价的教学设计，达到所有专业同学都能完成完整的生态公共艺术设计方案这样一个可测量的认知领域高阶目标，培养能够将科学与艺术融会贯通的新工科人才，服务国家产业转型升级。

多年来，“设计与人文——当代公共艺术”课程建设取得突出成果，先后获得第二届卓越大学联盟高校青年教师教学创新大赛一等奖等奖项。上一章介绍过的在长期课程思政实践中摸索出的“知行践研，卓新广微，稳变放控，得艰励同”课程思政体系化建设方法，于 2022 年获得天津大学教学成果一等奖。该方法既适用于艺术学科，也可迁移到其他学科中。这一章旨在系统阐述这一课程思政体系化建设方法背后的规律性内容，特别是总结了其在新冠肺炎疫情防控常态化期间（以下简称“疫情防控期间”）成功克服困难的四点经验，以期对全国教师普遍关注的课程思政建设有一定的启迪与帮助。

图 3-1　天津市高校新时代“课程思政”改革精品课“设计与人文——当代公共艺术”

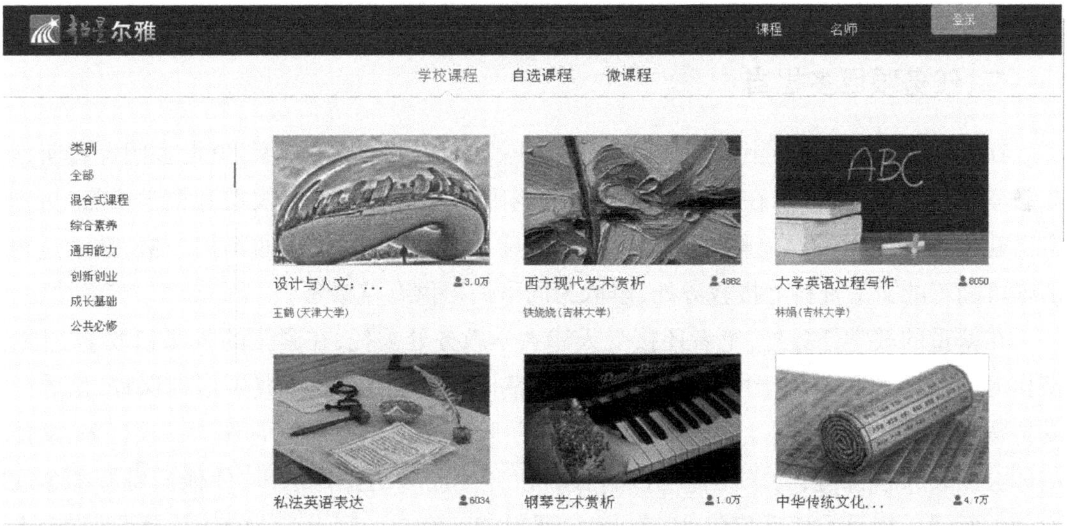

图 3-2　“设计与人文——当代公共艺术”在超星尔雅平台的选课界面

第二节　疫情防控期间课程思政教师的担当

如前所述，课程思政建设，关键在教师。如果将教师在疫情防控期间的教学的特点归纳为一句话，就是课程门数多、学习人数多、使用平台多、开课时间紧。任务是艰巨的，但质量不能打折扣。怎么完成？这就需要教师坚定信念，充分发挥主观能动性。

一、自身教学有成效

作为课程主讲教师，笔者多年来主讲“设计与人文——当代公共艺术”，疫情防控期间利用中国大学 MOOC（慕课）SPOC（小规模限制性在线课程）教学，选课人数近 200

人;同时依托智慧树平台主讲天津大学课程思政示范课“全球公共艺术设计前沿(翻转)”,选课人数三个班总计410余人;2020年新开设新工科通识课“中华五千年雕塑路”,选课人数90余人;同时承担建筑学院环境设计系二年级设计课教学任务,每周两个半天。“设计与人文——当代公共艺术”作为校选课,教学难度尤其大,选课人数多、师生不熟悉,作为线上线下混合式课程,其本来很重要的第一次面对面导学问答,因新冠肺炎疫情而无法开展,这就给教学出了意想不到的难题。怎么办?首先是转换思路,笔者了解到学生们初涉在线学习的困难,以一名初学者的视角,加班编制“设计与人文——当代公共艺术”使用中国大学MOOC(慕课)和配套工具慕课堂的导学手册。为了更好地与学生沟通,应用了雨课堂、知到、微信、慕课堂、中国大学MOOC(慕课)平台在线公告等多个信息发布渠道。特殊时期特殊应对,就是要付出比以往多几倍的心血。特别是第一周导学课,全程使用慕课堂发放多个问卷,征求大部分同学意见,根据大家问卷中反馈的对混合式学习了解不多的现状,调整教学方式,提升教学效果。

二、任务艰巨多担当

在教学之外,笔者还担任疫情防控期间在线教学质量保障专家,负责多门课程听课与教学跟踪任务,帮助对在线教学不熟悉的老师和新入职老师尽快提升教学质量;更把自己建设新开课程的经验整理成包括资源构建小步快跑、师生沟通不拘一格、教学过程清晰可溯等的文字资料上报教务处,争取为同事们提供有益参考。

在繁重的教学任务外,笔者还接受天津大学教务处委托,在紧张的备课和教学空隙,挤出时间制作并上线关于中国大学MOOC(慕课)平台使用的研究生培训课程,培养一支特殊时期在线教学的生力军。从接受委托的那一刻起,笔者就把它作为一项任务,从使用体会出发录制课程,力求用简明讲解提升研究生助教的操作水平,使他们做好师生间沟通的桥梁。接受委托后仅仅45个小时,课程就已经在中国大学MOOC(慕课)平台上线并发布,为疫情防控期间有效提升天津大学在线教学质量做了一件实事。

第三节 疫情防控期间课程思政课程的担当

课程思政建设,基础在课程。“设计与人文——当代公共艺术”将特殊时期的危机转化为提升课程教育信息化水平的机遇,既保证抗疫期间教学活动顺利开展,更为课程长远建设打下坚实的在线基础。

一、充分发挥在线教学传统优势

如前所述,“设计与人文——当代公共艺术”本身有着牢固的在线教学基础,课程视频于2017年在超星尔雅平台上线,全国选课人数超过7万人。笔者凭借丰富的在线教学经验，除该课程外，另在中国大学 MOOC（慕课）、智慧树等平台建设“全球公共艺术设计前沿（翻转）”等课程，学习人数达数万人。因此，笔者能够顺利适应疫情防控期间课程全部改为线上教学的局面，并取得改革成果。

“全球公共艺术设计前沿（翻转）”在天津大学开设以来，充分发挥翻转课堂的功能，有效提升课堂学习效果，通过视频学习和线下学习结合，帮助 50 余位赴海外访学交流、联合毕业设计的学生实现提升审美素养、掌握艺术设计技能的目标。该课程帮助天津大学新工科建设和“卓越工程师”计划培养了 700 多位既有家国情怀和深厚专业积淀，又有艺术眼光和创新思维的高水平人才。跟踪显示，选修过该课程的学生在日后的专业学习、设计实践中均表现出色。2017 年，以该课程为核心的“通专融合”的理工科高校艺术通识课程创新实践获天津大学教学成果二等奖。

二、及时调整混合式教学方法

“设计与人文——当代公共艺术”本来在校内是作为线上线下混合式课程来建设的，特殊时期改为全线上教学对以往的教学设计提出了新的挑战。为此，笔者在权威平台中国大学 MOOC（慕课）开设校内 SPOC（小规模限制性在线课程），短时间内筑牢课程框架，采用 MOOC+SPOC 的学习方式，并创新性采用平台“云评图”等举措，用腾讯会议等多种工具，弥补教学平台的不足，一切以教学效果为导向，同时兼顾学生们的学习习惯。经实践证明，该课程取得了良好效果。

三、提供多样化在线学习资源

此次全国高校推行在线教学，暴露出了一个很突出的问题，就是一些高校将部分传统课程搬到网上，罔顾在线教学的特点影响了教学效果。“设计与人文——当代公共艺术”在长期在线教学的基础上，充分抓住在线教学的精髓，以学生的自学为主线，提供大量经过精心设计的课程资源，比如使用融入课程思政内容的专用电子版教材——《生态公共艺术》和《植物仿生公共艺术》等，教学效果显著。

第四节　疫情防控期间课程思政内容的挖掘与推广

思政内容如何融入课程，是课程思政建设的重点。“设计与人文——当代公共艺术”立足立德树人目标，结合设计学课程特色与自身规律，摸索出挖掘案例、利用设计课题等独特的课程思政内容融入方式方法。

一、挖掘鲜活的课程思政案例，让时政知识进课堂

在“设计与人文——当代公共艺术”的课程建设中，笔者更重视对疫情防控期间众多

英雄事迹的挖掘，并鼓励学生们将往年强调的生态保护等训练主题转向野生动物保护。此外，对智能设备的反思也被加入此次大规模在线教学的前无古人的实验中，积极引导年轻学子关注时事。课程教学结合习近平总书记提出的“人类命运共同体”理念，结合支援“一带一路”沿线国家与世界各国抗击疫情的大国担当，成功激发学生的学习热情，提升学习效果。

二、利用设计课题

1. 利用设计课程增强环保意识、推进生态文明建设

到 21 世纪中叶，中国要建成富强民主文明和谐美丽的社会主义现代化强国，党的十九大报告首次将“美丽”作为社会主义现代化强国的限定词之一，“美丽”一词要求我们在发展的同时还要注重发展的形式，习近平总书记曾强调：“在生态环境保护问题上，就是要不能越雷池一步，否则就应该受到惩罚。”（《习近平关于全面建成小康社会论述摘编》，中央文献出版社，2016 年，第 167 页）新时代青年作为社会的建设者与主力军，更应该提高环境生态的保护意识。疫情防控既为我们提供了重新思考人与自然关系的机会，也为我们提供了一个宣扬党的精神、提高学生环保意识等不可多得的机会。“设计与人文——当代公共艺术”将生态文明建设与野生动物保护作为设计课题，鼓励学生积极寻找资料，深入思考自然与经济发展的关系并能够利用原生态材料、科学技术手段设计生态公共艺术，使环境保护意识在这一过程中得以增强。

2. 利用设计课题发扬中国精神、体现中国风貌

“设计与人文——当代公共艺术”立足中国国情，对海外理论采用扬弃的态度，引导学生们将中国精神与中国面貌融入公共艺术设计实践。党的十九大报告中指出：“坚持全民行动、干部带头，从家庭做起，从娃娃抓起。深入挖掘中华优秀传统文化蕴含的思想观念、人文精神、道德规范，结合时代要求继承创新，让中华文化展现出永久魅力和时代风采。”（《决胜全面建成小康社会　夺取新时代中国特色社会主义伟大胜利　在中国共产党第十九次全国代表大会上的报告》，人民出版社，2017 年，第 42 页）课程创新性地将公共艺术设计与传统文化结合在一起，通过对中国传统文化元素相关知识的讲解、方法的运用并结合案例分析等教学手段，提高学生们对传统文化的认识，使其更加热爱中国传统文化。课程实践要求以校园等环境为基地，直接利用最新的设计方法，完成一件以弘扬传统文化为主题的公共艺术概念设计，特别强调要抓住疫情防控期间中国传统文化在战胜疫情方面发挥的作用，要求主题积极向上，能够起到教育意义（见图 3-3、3-4、3-5）。

图 3-3　王鹤在新华网直播海报

图 3-4　新华网直播内容吸引 32.6 万观众

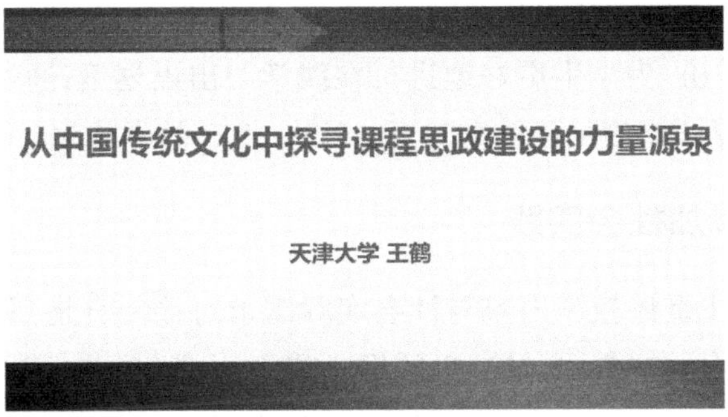

图 3-5　直播内容“从中国传统文化中探寻课程思政建设的力量源泉”

第五节　疫情防控期间学生学习成效的提升

课程思政建设，成效在学生。有教育学者指出：“新时期思想政治教育要想被学生接受，也必须充分利用新媒体新技术……运用大学生喜欢的表达方式开展思想政治教育。”特殊时期，“设计与人文——当代公共艺术”主要通过改善学生在线学习环境、引导学生关注热点和鼓励学生参加社会实践来保证学习效果的提升。

一、改善学生在线学习环境

特殊时期，所有的课程都实行在线教学。本科生、研究生每天面对屏幕的时间较长，特别是除上课外，大部分讨论、作业也都需要利用电脑在网络上完成，有研究表明，本、专科生平均每天使用电子产品的总时长已经达到了 15.1 个小时。疫情期是电子产品用时激增期，也是学生视力及身心健康发展防控关键期。如何才能在保证教学效果、教学进度的同时，更好地保护大学生的视力及身心健康成为教师关注的重要问题。我们把这一点作为课程思政建设追求的主要目标之一，因为课程思政建设注重德智体美劳的全面发展。那么应如何实现这一目标呢？“设计与人文——当代公共艺术”主要是通过合理安排学时，精炼教学内容，提升沟通效率来实现这一目标的。不拘一格使用各种方法，除了课程专门配套的慕课堂、知到等课堂教学工具外，还根据大家灵活使用的时间需求，使用了微信群等方法进行辅助沟通，这样可以保证学生合理用眼，同时降低学生课外的学习负担；适当使用音频等形式与学生们沟通；在教学内容的设计上，不将传统课堂搬到线上，而是严格遵循线上教学的规律与特点，每间隔 25 到 30 分钟灵活设定一次休息时间，鼓励学生们在课间起来活动，眺望远方，适当进行眼部保健，保障他们的身体健康，实现育人的主要目标之一。

二、引导学生关注热点

新冠肺炎疫情既是一场大疫情，又是一场大考。因此在课外，教师更要有担当，要积极通过班级群等渠道宣讲党的政策，传达中央精神，抓紧所有时间、空间弘扬正能量；同时多次接受学生的采访，为学生更好地进行在线学习出谋划策；通过教学评价引导学生关注热点，利用年轻学子高度关注社会时事的特点，改善教学效果。

三、鼓励学生参加社会实践

注重学以致用，注重将教学内容与社会实际需求对接一直是“设计与人文——当代公共艺术”课程建设中的特色，大量学生的作业获奖、出版、发表，成为社会激励机制推动教学质量提升的成功案例。此次疫情防控期间，为了更好地弘扬社会正气，有力支持抗击疫情，笔者积极组织学生在课程框架内参加由行业内极具影响力的学院奖组委会组织的“你好，中国就好！”公益作品征集活动和凤凰网组织的“抗疫新力量，青年有担当”作品征集活动，发动学生参加青春 BANG 组织的“青春 BANG 悠长假期故事主人公征集令”，以“回不去学校的日子里，我在……”进行创作，弘扬正能量，有效激发学生的学习热情，也让学生用自己的画笔与鼠标为全国共克时艰做出贡献。

综上所述，在特殊时期开展的课程思政建设的教学经验是专业课程教师，结合理论与自身实践总结出来的，不完全属于对课程思政内涵进行的系统化研究，但符合当前在多学科研究背景下研究课程思政、推动高校立德树人创新发展的趋势。

第四章　公共艺术表现技法

在天津大学，“设计与人文——当代公共艺术”和“全球公共艺术设计前沿（翻转）”两门课程的学习者以建筑、规划等与艺术表现关系较紧密的专业的学生为主，也包括土木工程、工业设计、自动化、环境工程等与公共艺术有关系的专业的学生。课程建设的主要目的是帮助相关的工程类专业的学生了解公共艺术相关知识，培养其独立思考的能力，使其能根据特定环境开展设计，将所学技能运用在今后的学习与工程实践中。由于公共艺术的跨学科特性，建筑学和城乡规划学专业的学生在专业学习中掌握的手工模型制作技巧与计算机建模能力也被广泛应用在公共艺术设计方案后期表现中，体现出了他们依靠自身专业技能完善公共艺术设计方案表现效果的能力。对其他专业的学生来说，手工模型、手绘和像素化手段也是可以通过专业学习、尝试和体验快速掌握并运用的。下面将公共艺术表现技法分为四种类型，各通过五个案例来详细介绍。

第一节　计算机建模

我们首先介绍计算机建模及相关表现软件的运用。传统写实雕塑中的塑造在公共艺术中可以演变为人体翻模，著名艺术家小强生更是在创作中运用 Maya 软件和雕刻机，虽然引起了争议，但这些都说明公共艺术对表现手段持多样化和开放的态度。在现代大学校园中，高性能电脑日益成为学习、生活的标配，网络提供了搜集素材的顺畅通道，更重要的是 SketchUp（简称“SU”）、Photoshop、Rhino、AutoCAD（以及其他 CAD 软件）等界面友好且操作远较之前建模、渲染软件简便的软件工具的普及，消除了非艺术专业大学生参与公共艺术设计的主要障碍，成为他们制作并展示创意方案的利器。这些软件部分与他们的专业学习有关，可以实现资源共享。经实践反馈，即使自学以上两门课程，大多数零基础的学生也都能在很短时间内掌握基本要领。下面介绍五份不同专业、不同年级的学生使用不同计算机建模方式所做的作业，并辅以详尽评语。

一、《拼图花海》

作者：李石磊；专业：建筑学；指导教师：王鹤。

（一）辅导过程

该方案是为参与一项国际竞赛而设计的，选址于土耳其南部安塔利亚。作者希望运用公共艺术设计的手法打造一个服务于孩子的主题花园。花园不仅展示现有植物，也展示已灭绝的古代植物，使孩子在畅游花海的同时开阔视野并有所收获。

（二）教师评语

（1）思政融合点。该方案虽为花园环境设计，但却提出了更大胆的构想，即打造一个独立的花园，通过展示与园博会相关的现存植物与已灭绝的古代植物，达到寓教于乐的主题意义。以大陆板块为拼图图案的灵感来源，也更契合园博会的主题。

（2）形式美感。作品以拼图为基本元素，打造丰富的立体化内部空间。拼图本身就拥有一种模数化、富于重复美感的形态，再辅之以起伏，加之顶棚的开敞部分，可以营造出丰富多变的光影效果。这些手段的综合运用使作品拥有了非常理想的形式美感。

（3）环境与功能。作品形式取自拼图，并放大其尺度，以钢柱支起顶棚形成内部空间。顶棚的部分拼图块被掏空以透过阳光，形成有意味的内部空间，与园博会的整体环境有很高的契合度。该方案的内部空间可以得到充分利用，展示功能出色。在实现公共艺术形式与功能平衡这一点上，该方案属于理想的设计。

（4）表现方法。方案选用了成熟的计算机建模技术，充分发挥了计算机制图在氛围渲染、细节表达等方面的强大优势。

（5）图纸表达。信息完整，排版方式新颖，效果图色调淡雅，视觉效果突出。（见图4-1、4-2）

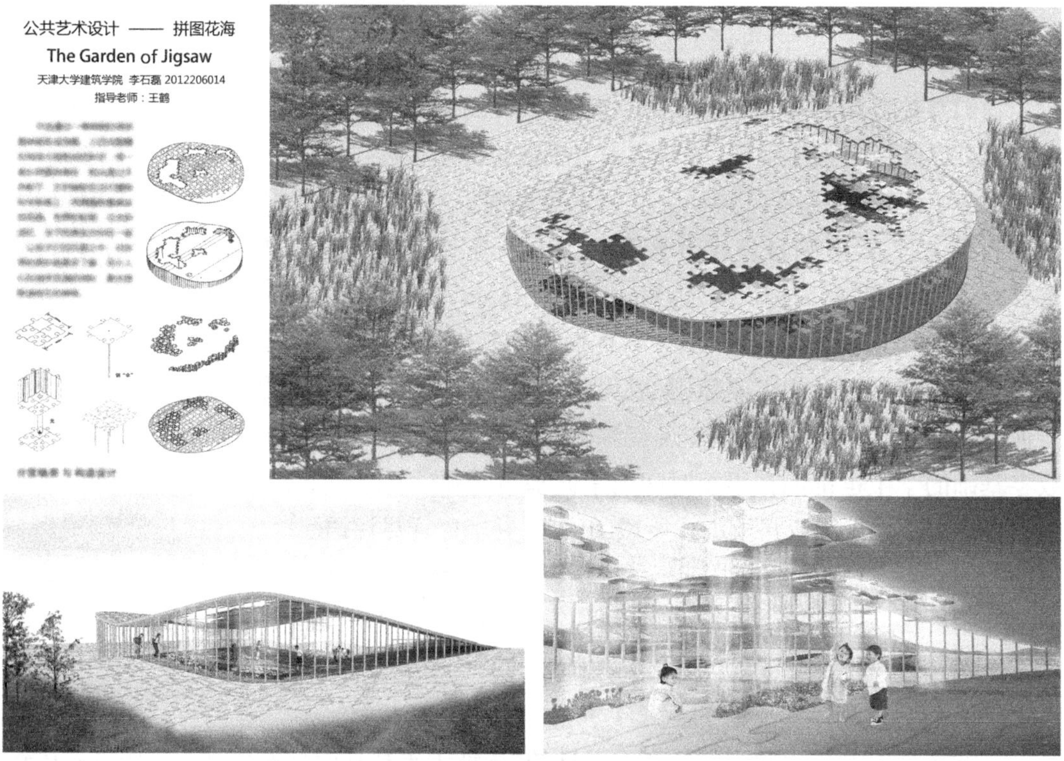

图 4-1 《拼图花海》1

图 4-2 《拼图花海》2

二、《漂流瓶——来自沙滩的秘密》

作者:张宇;专业:建筑学;指导教师:王鹤。

(一)辅导过程

该作品选取海滨沙滩环境,基于现成品进行设计,以搁浅的漂流瓶为灵感,设计了成组的玻璃瓶,将其放置在沙滩上或使其漂浮在浅水区,给人们提供一个交换心中所想或表达爱意的空间,提升沙滩的浪漫气息与人文关怀。

(二)教师评语

(1)思政融合点。该方案针对海滨沙滩环境现状开展设计,创造半隐私空间,从而营造视觉焦点和活动中心,成功提升这一自然环境的人文氛围。另外,以漂流瓶这种历史悠久的现成品为主题,也和海滨环境现状相呼应,具有现成品公共艺术与生俱来的幽默感。

(2)形式美感。作者详细规划了适用场地,并对瓶子进行了变形以适应场地和表现主题。瓶子本身已经过了工业设计,形式美感较为理想。作者将其倾斜,使其成为适应人体尺度的空间,进一步完善它的整体感,但对于材质,还需要进一步思考。作者没有详细论述瓶子的材质与工艺,虽然透明树脂整体铸造技术已在公共艺术中广泛使用,但要想保证大尺度作品的结构强度,相关技术可能还不够成熟。使用玻璃材料则缺少支撑,安全性欠佳。

也许如《漂流瓶》(米德尔斯堡)那样用字母作为框架，再用玻璃加以密闭会比较理想。

(3)环境与功能。需要看到，漂流瓶的主题与形态都与海滨自然环境和人文环境非常贴切。作者设想的全透明材质虽然在工艺上还有进一步完善的空间，但从效果上看能很好地融入环境，所以方案的环境契合度总体很高。在海滨沙滩这样的全开放空间中，营造一定数量的半密闭空间，以供小群体进行有一定私密性的交流，从理论上看是合理的。但之所以当前世界范围内缺少此类实践，主要还是与海滨生态保护相关法律法规的限制和台风、潮汐等自然力的不可预测有关。

(4)表现方法。该方案并未完全依赖计算机建模技术，而是综合使用了 Photoshop 处理与手绘相结合的综合表达方法。

(5)图纸表达。总体效果清新淡雅，带有鲜明的个人风格；透视图意境优美；基地分析较为完整；现成品和场地的选择逻辑较清晰；信息标注完整。不足之处在于对加工工艺和安装方式缺少足够的说明。(见图 4-3)

图 4-3 《漂流瓶——来自沙滩的秘密》

三、《Moments of Movements》

作者：诸葛涌涛；专业：建筑学；指导教师：王鹤。

（一）辅导过程

该方案选址于天津市武清区某地，这里由沿河步行街、多个小区组成，人流量较大。作者进行了认真的基地调研并在此基础上阐发设计灵感。该方案以现成品为设计出发点，选择了非常有代表性的现代工业品——自行车为基本元素，根据步行街或小型社区的空间形态与其中的环境行为对其进行分解，使人们在一定的步速与角度下可以看到完整的自行车，提供了丰富的互动可能。另外，这些分解出来的单独的圆环、三角也可以作为单体的健身器材使用。

（二）教师评语

（1）思政融合点。自行车是工业制成品中形态特征最鲜明、普及程度最高的物品之一。在进行现成品公共艺术设计时得到过广泛的应用，奥登博格的位于巴黎拉维莱特公园中的《掩埋的自行车》就是最经典的范例之一。当然，自行车与中国社会生活甚至集体记忆又有着不可割裂的联系，选用自行车进行公共艺术设计，并结合人的移动与视线进行重新组合，与人形成巧妙互动，别有趣味。

（2）形式美感。对现成品公共艺术设计来说，正确选择基本元素是产生形式美感的第一步。合理分解、简化、变形是产生形式美感的第二步。方案目前形态简洁，形式美感符合设计要求。

（3）环境与功能。将自行车的基本形态合理分解，并根据沿河步行街的空间形态对其进行重新组合，以求在公众视线中恢复自行车的原始形态，这是一种合理的设计方法，也与所在空间形态有较高的契合度，但要想达到设计效果，则高度依赖人的步速与选择的线路，同时观赏角度也受到较大限制。作者初步设想分解后的车轮、车架等部件具有健身器材的功用，就这些部件的尺度与所在位置来说，设想是合理的。但如何具体实现，有待设计的进一步深化，并且需要综合考虑色彩与人体工程学问题。

（4）表现方法。该方案也综合运用了平面处理的方法，与环境结合紧密，减少了工作量，清晰表达作品边界，并营造了独特而富有意蕴的视觉效果。

（5）图纸表达。基地调研详尽，形式逻辑的生成与功能图解清楚。效果图富于视觉冲击力，黑白效果十分突出。设计说明阐述清晰，信息标注完善。（见图 4-4、4-5）

四、《水织光纱》

作者：林碧虹；专业：建筑学；指导教师：王鹤。

（一）辅导过程

该方案为参加国际竞赛而做，选址在气候炎热干旱的伊朗梅博德；以透明树脂材质的棚状结构实现蒸汽冷凝成为可用水源，满足居民生活需求的设计目标。

图 4-4 《Moments of Movements》1

图 4-5 《Moments of Movements》2

（二）教师评语

（1）思政融合点。该方案立足当地降雨量不足的现状，从坎儿井等传统水利设施中寻找灵感，通过可持续的自然方式使地下水为居民所用，具有较为突出的生态意义，并对"一带一路"沿线国家具有广泛的推广意义。

（2）形式美感。结构本身富于建筑的理性秩序美感。同时，利用水滴、水汽在树脂材料表面的流动营造丰富的视觉效果与光影变化。总体视觉效果较为理想。

（3）环境与功能。贴合当地需求，设计与建筑围合的空间形态十分相符。但是如此尺度的透明树脂材料，可能在结构强度上不甚理想，同时在加工工艺方面也存在较大困难。功能上除集水功能，还可为居民提供一处休憩、交流场所，兼具挡雨与遮阳功能。

（4）表现方法。该方案综合运用计算机建模手段，通过平面图、剖面图以及昼夜和不同气候条件下的效果图表达设计意图，展现出计算机表达灵活、丰富、多变的强大优势。

（5）图纸表达。所做工作充分，底色淡雅，视觉效果非常突出，通过图示对集水原理进行了清晰阐释。（见图 4-6）

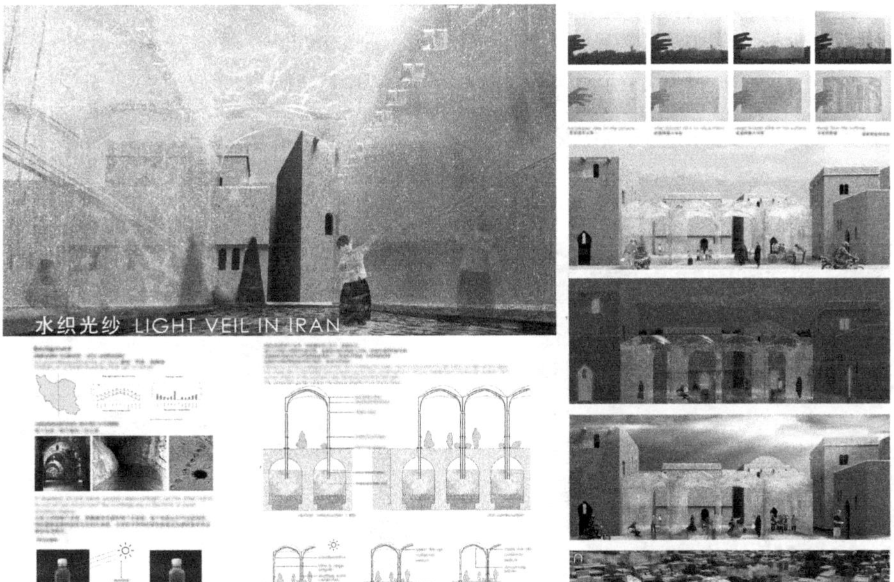

图 4-6 《水织光纱》

五、《鲸落，万物生》

作者：卢曦；专业：工程管理；指导教师：王鹤。

（一）辅导过程

作为一名工程管理专业的学生，小卢同学在"设计与人文——当代公共艺术"课上，积极学习，认真进取。不但自身表达水平有了显著的提高，其作业在课堂上也多次被作为范例讲评，而且为课程建设做出了重要的贡献。

（二）教师评语

（1）思政融合点。鲸落是一种大自然当中独特的艺术现象。由于鲸本身是一种尺度非常庞大的海生哺乳动物。其死后，尸体落入海底，自然降解为众多海底生物生存所依赖的资源。因此，日本近年来的捕鲸行为其实在很大程度上破坏了生态圈，因此遭到了世界的一致反对。该方案以此为出发点，拉近人们与这种海生动物的关系，协调人们保护动物的积极性与自觉性。

（2）形式美感。作者并未受鲸的原始形态限制，而是利用现有的可得材料，即 100 毫米模板，充分考虑便于制造、便于维护的需求，搭建座椅和绿化隔栅。

（3）环境与功能。方案兼具环境协调性与功能便利性，通过独特的形式与周边环境巧妙地融合在一起，既成为绿化和景观的有机组成部分，又提供了足够的休息空间，具备休憩设施的功能。人体尺度设计合理，充分利用了环境行为心理学的相关原理。

（4）表现方法。除了良好模型的建构，作为非艺术专业的学生，小卢同学很好地掌握了模型的渲染技术。该方案以夜景为主要突破口，视觉效果醒目突出。

（5）图纸表达。该方案采用典型的深底色竖向排版，以效果图为主。设计说明字号、行间距均较为合理，充分达到训练效果，可以考虑适当丰富表现手段，并增加部分细节。（见图 4-7、4-8）

图 4-7 《鲸落，万物生》1

图 4-8 《鲸落，万物生》2

第二节 模型构建

在近年来的新工科人才培养和艺术设计人才培养中，越来越注重手眼协调和实际动手能力。虽然计算机建模技术的发展越来越迅速，但是传统上对材料的认知，对材料的使用，依然是非常重要的训练也是必备的技能。对接受通识教育的学生来说，直接运用现成材料进行手工模型的构建，降低了他们学习计算机相应软件的难度，更便于他们快速进入设计状态，因此模型构建依然具有不可替代的作用。在实际的训练中，指导教师会提供块材、面材、条型材、线型材等不同材料，介绍搭接、构建、黏土塑造等不同方式，并讲解相应要点。

一、《咦？这个蘑菇会发光！》

作者：朱雅蕾；专业：建筑学；指导教师：王鹤。

（一）辅导过程

该方案经过了较长时间的模型探索与制作，作者最终挑选了适合自身专业特点的环境建模手法与表现手段。在设计意图上，该方案突出了儿童友好设计感受。如作者自己所言："这次设计过程让我切实感受到了做设计需要考虑、协调很多问题，这个过程就是乐趣所在。制作手工模型虽然辛苦，但真的很有趣，也让我通过自己的实际操作，认识到了很多关于结构的问题。非常感谢王老师对我的支持和帮助，也希望同学们能够畅所欲言，我们一起交流提高。"

（二）教师评语

（1）思政融合点。方案总体上采用植物仿生的手法，当然关于蘑菇不是植物的问题，课上已进行过分析，虽然蘑菇属于真菌，更接近于动物，但是由于其造型方式、与环境的关系等都与植物很接近，因此可以作为植物仿生当中的一种类型。方案综合采用植物仿生的手法，突出表达人与生态和谐共处的关系，表现手法丰富活泼，生态属性明显，育人效果较为突出。

（2）形式美感。作品选用天然蘑菇的形态，扩大其尺度，并考虑到了数量的增加和布置的疏密。模型制作精巧，夜景效果好，与环境结合融洽。

（3）环境与功能。作品选址于居民小区，考虑到了基地的现有特点，注重利用公共艺术营造一个更受公众喜爱、能够与人们互动的空间，特别是能吸引儿童，提升其环保意识，环境契合度高。功能上，除了供儿童嬉戏外，还融入了除臭装置与排气泵等，借鉴了蘑菇在自然环境中的有机物分解者的特点，并且初步融合了感应发电，与人或者儿童的互动效果理想。部分蘑菇缩小尺度后可供人们坐下休息。

（4）表现方法。作者从一开始就选用了与设计联系紧密的手工模型，作品非常独特，以铁丝作为骨架，以莫代尔布作为主要的蒙皮材料。挑选夜间拍摄方案中的图片。扬长避短，以作品最理想时段的视觉效果突出其特点。

（5）图纸表达。方案经过多次修改，主题逐步突出，效果图明显展示了作品的特点，内部内容比较紧凑。在排版的细节上，特别是行间距等问题上还有进一步完善的空间。（见图 4-9、4-10）

图 4-9 《咦？这个蘑菇会发光！》1

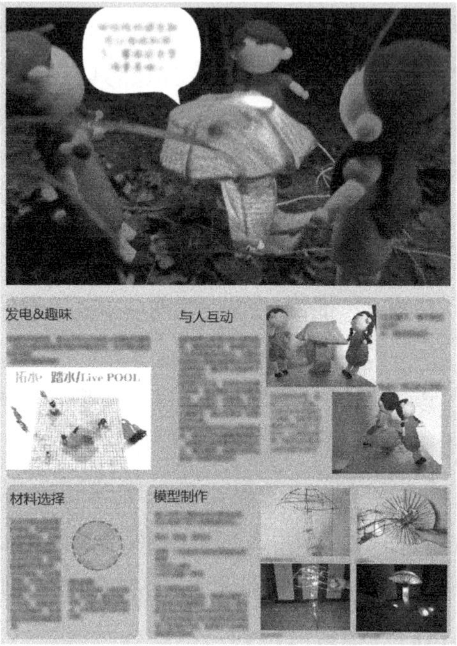

图 4-10 《咦？这个蘑菇会发光！》2

二、《口袋里的森林》

作者：刘芳辰；专业：环境设计；指导教师：王鹤。

（一）辅导过程

作者与指导教师多次沟通，最终选用新冠肺炎疫情防控期间在家中所能得到的材料——纸材作为主要材料进行创作，综合运用二维剪影的手法，达到较为理想的效果，辅导过程清晰。

（二）教师评语

（1）思政融合点。森林与现代工业的关系是一种较为常见的公共艺术表现主题，特别是在当前自然森林面积越来越小，自然环境平衡逐渐遭到破坏的背景下，制作此具有警醒意味的方案，生态意义较为突出。

（2）形式美感。方案综合运用了二维剪影的手法，进行了多层布置，使作品具有层叠错落的美感。二维剪影的一个特点是可以使用准确的具象造型，进一步丰富视觉效果。

如果能够考虑色彩变化，效果会更为理想，许多同学的线上评论也指出了这一点。

（3）环境与功能。目前可以提供简单的休息功能，放置在森林当中，与环境的关系也比较理想。但是，色彩以及真正制作时所使用的材料与工艺还需要进一步深入思考。比如，使用钢材就需要喷漆，使用木材可以用原色。

（4）表现方法。表现是该方案最值得称道之处。在未使用软件建模的情况下，使用独特的纸雕方式，利用易得的材料，特别是成功结合光影摄影，丰富了视觉效果，堪为范例。

（5）图纸表达。该方案采用横向构图，主次分明、逻辑清晰，展现出黄金分割的美感，属于典型的深底色与浅字体的搭配，效果比较理想。部分灵感来源于图纸，丰富了图纸类型，也提高了色彩饱和度。字体比较独特，值得借鉴。（见图 4-11、4-12）

图 4-11 《口袋里的森林》初稿

图 4-12 《口袋里的森林》完稿

三、《织风》

作者：金慧烽；专业：光电信息；指导教师：王鹤。

（一）辅导过程

经过与指导教师的多次交流，作者最终决定在自己熟悉的领域内，利用易得的材料进行创作，选用手工模型构建的方式，最后作品呈现效果理想。辅导过程完整。在通识组学生的方案中，该方案可作为范例。

（二）教师评语

（1）思政融合点。首先，传统的编织手法能够增强人们对传统文化的认识，甚至可以引发人们对物质遗产保护问题的关注。其次，作品能够在大学校园内提供休息等空间，让人们找回某种关于往日的记忆，在美化环境的同时有助于人们抒发情怀，主题意义突出。

（2）形式美感。视觉美感比较突出，使作的手法类同于建构。利用手边易得的材料搭建座椅等设施，通过不同的编织手法，营造出墙壁的疏密变化，借助光形成丰富的光影效果。

（3）环境与功能。目前该作品布置于大学校园内基本符合要求。不过使用珍珠棉作为主要材料，混淆了模型制作材料与真实制造材料。使用珍珠棉制作手工模型，效果很好。但是真实建造当中还是需要使用更防火、更坚实、更安全的材料。功能上，可以供人们游玩休息，这是比较标准的传统功能。当然，这一功能的实现还需要作品安全性的进一步提高。

（4）表现方法。表现方法独特是该方案最突出的优点之一，特别是使用了传统的珍珠棉制作手工模型，然后将其引入真实环境；同时辅以手绘等多样化的表现手段。效果图非常有意境。该方案符合作品主题虚实结合的特点，呈现出一种真实与虚幻交织的状态。

（5）图纸表达。思路比较清晰，排版格式属于比较典型的竖向排版，内容完整，特别是多样化的表现手段值得借鉴。（见图4-13）

四、《海上弦歌》

作者：陈梦洁；专业：机械大类；指导教师：王鹤。

（一）辅导过程

作者选取衍纸这一形式，紧密地立足自身生活体验及家乡的特色，开展富有育人效果的主题公共艺术创作。最终呈现效果清晰，成功展现出想要表达的含意。辅导过程明确流畅。

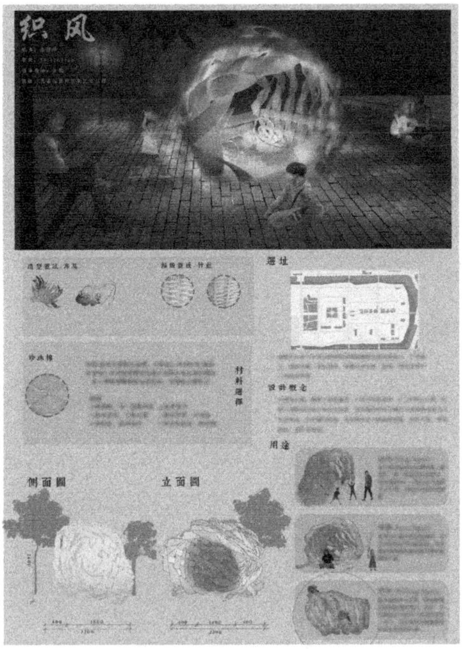

图 4-13 《织风》

（二）教师评语

（1）思政融合点。作品主题积极正向，虽不在课程的规定主题之内，但是能够与自己的家乡结合，而且与音乐相结合。作品被置于海岸，提醒人们涨潮的危险，与救死扶伤建立联系，主题很清新。

（2）形式美感。作品将现成品与二维艺术结合起来，运用二维正负形的方法表现吉他这种熟悉的现成品，正确使用了课程设计方法，保证了视觉美感。

（3）环境与功能。①基地介绍清晰。作品选址在作者家乡的黄金海岸，作者对这里的海水涨潮比较熟悉。②功能清晰多样。作品尺度大，立于海岸，具备灯塔功能。底部的门能够根据海水涨潮的变化给人们以警示，功能独特实用。作者生活于海边，对潮汐有着自己的理解，作品中的门只有在潮汐正常情况下可以通过，但一旦涨潮门就会变小，人们也就无法通过了，这样可以提醒大家离开海岸，以保证安全。

（4）表现方法。作者没有使用复杂的建模方法构建模型，而是使用了独特的衍纸工艺，即将多种细长不等的纸卷成大小不同的造型来达到设计效果。由此可见，不一定非要使用计算机建模，大家可以发散思维，集思广益，运用多样化的表现方法，最终的效果往往都很理想。

（5）图纸表达。内容完整清晰、丰富多样，版式充分达到了课程的设计要求。总体来说，即使是没有艺术基础的学生通过学习课程合理使用设计方法，正确发挥自己表现方法上的优势，开展创意创作，同样能够收到理想的效果。（见图 4-14）

图 4-14 《海上弦歌》

五、《平衡》

作者：丁建淳；专业：机械设计与制造；指导教师：王鹤。

（一）辅导过程

作者为机械设计与制造专业学生，没有公共艺术设计的相关基础，通过牢固掌握课程视频内容以及师生互动，确立了对城市进行反思的主题并不断深化，最终达到理想效果。

（二）教师评语

（1）思政融合点。主题较为深邃，融入对一个对立概念的深度思考使作品具有了显著的生态属性，但该作品还有进一步深化的空间。

（2）形式美感。作品本身接近漏斗、秋千等多种常见设施的形态，森林与城市之间通过不断翻转实现平衡，具有能动公共艺术的特点。当然，目前看来，在尺度上还有进一步放大的可能性，从而加深与环境的融合度。

（3）环境与功能。作品本身并没有对环境进行详细的考虑，应该是在公园当中，实际上也可以考虑在社区等其他的环境当中。作品的尺度可与人体尺度有更详尽的联系，从而不影响交通流线，并且实现受众面的最大化。

（4）表现方法。表现方法比较独到，能够使用泡沫塑料以及多种多样相对简单的现有材料，简便易行，实现了城市与森林之间的翻转。利用有限的材料和简单的工艺实现设计主张，是课程所一直鼓励的，也值得其他同学学习。

(5)图纸表达。该方案基本遵循常见的图纸排版方法,效果图还有一定的提升空间,应当增加一部分能动效果的展示。排版的细节还有进一步完善的可能。整体上各要素全面,视觉效果可以接受,完全达到了训练目的。(见图 4-15)

图 4-15 《平衡》

第三节 手绘

手绘是古老的表现方式,在很大程度上脱胎于美术学,但是从中国古代的工艺美术一直到今天的各个设计领域,手绘作为最能准确、清晰、快速地将设计者头脑中的意象、意图表达在纸上的方法,依然有着广泛的应用范畴。虽然相对于手工模型效果的直观和计算机制图效果的丰富而言,手绘在最终效果的表现上有自己的局限性,但是也有很多学生愿意选择这种富于感性、富于灵活性的表现方法。在此,鼓励学生们使用这种方法,特别是鼓励将手绘与手工模型构建或计算机建模综合使用,以达到最为理想的效果。

一、《失眠者》

作者:刘明迪;专业:建筑学;指导教师:王鹤。

(一)辅导过程

该方案以现代大都市生活节奏加快,工作压力加大,白领脑力工作者失眠发生概率越来越高为切入点,以插座与插头这种现代生活中的常见电器元件为基本元素,以拟人手法表达了一种难以安眠的窘态。两脚插头与三孔插座的错搭进一步深化了这一主题。方案强调手绘效果，在大量使用计算机制图的作业中独树一帜。

（二）教师评语

（1）思政融合点。一般来说，本科一年级的学生与社会的接触相对较少，表达的主题的深度一般有限。但该方案直面现代都市快节奏生活给健康带来的危害，以幽默诙谐的手法进行反讽，生动表达了与压力和过度使用电子产品造成的失眠相抗争这一主题，具有很深刻的警醒意义。

（2）形式美感。该方案经过了较长时间的推敲，数易其稿，最终稿加入了环境元素，其实在形式美感上略逊于第一稿草图。当然，作品总体借用现成品作为基本元素，加之色彩得当，效果比较理想。

（3）环境与功能。从人文环境上来说，该方案选址于办公大厦一角或高楼之间的小区域，是合理且契合度高的选择。但从作者标定的尺度以及位置示意图上看，作品尺度似乎较小，相对不容易引起注意。当然，美国艺术家奥特尼斯的位于纽约地铁的《地下生活》单体尺度也很小，但其用一个系列的上百件作品使它们具备了较显著醒目的整体观感，这与单一作品的运用是完全不同的。这是该方案主要需要改进之处。

过小的体积不仅存在形式问题，也使得很多功能难以发挥，如不能根据人体工程学基本原理安排休息等功能。而事实上办公大厦对有趣味的休息空间有很大需求，这也是该方案有待改进之处。

（4）表现方法。在计算机制图普遍化的时代，坚持以手绘为主要表现手段是值得鼓励的。在这幅作品中，色调的浓淡方面显然还有可以提高的空间。

（5）图纸表达。最后的方案兼具手绘和计算机制图的特点，总体效果比较理想，信息标注完整，逻辑表达清晰。当然，在整体视觉冲击力上以及部分图的栅格化布置上还有进一步提高的空间。（见图4-16）

二、《动物茶话会》

作者：李姝琪；专业：环境设计；指导教师：王鹤。

（一）辅导过程

该方案一开始构思了两种思路，最终确定了现有的方向，并不断加以深入完善。由此可见，提出多样化的方案并与教师高效沟通，是尽快确定主题的理想方式。

（二）教师评语

（1）思政融合点。动物保护是一个由来已久并且历久弥新的话题。该方案综合运用了三种动物形象从而突出了全球变暖、皮草产业、动物制品工艺产业等三方面的问题，主题深刻。作品符合成对成组布置的原则，丰富了视觉观感，达到了比较理想的效果。形象憨萌，进一步增强了主题意义。

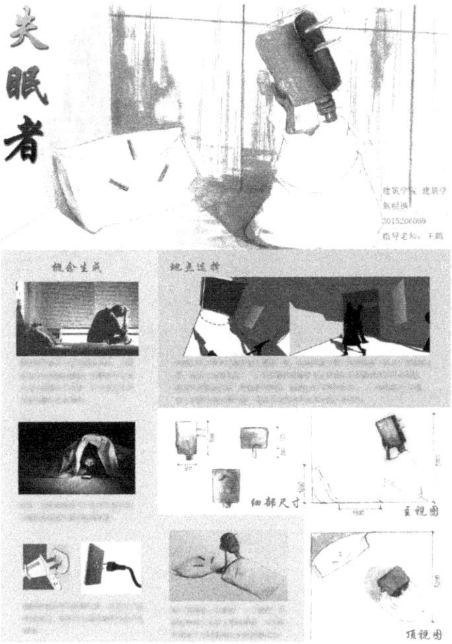

图 4-16 《失眠者》

（2）形式美感。作品具象写实。表面肌理借鉴了类似 3D 建模的处理手法，这是在现有公共艺术经典作品当中已经得到使用并被证明有效的一种肌理表达方式，色彩丰富，而且还可以适当简化具体实现过程。

（3）环境与功能。在环境上，该作品可以进一步考虑加强与环境的物理属性联系和人文属性联系。在功能上，作品与座椅相结合，具备了比较理想的功能。如果座椅也是设计的一部分，应该结合环境形态和环境需求进行一体化设计。

（4）表现方法。表现方法是该方案最突出之处。在以往，手绘与软件建模是两种完全不同的表现方法。随着新一代数码板绘方法的成熟，结合了手绘与软件建模两种方法的优点的板绘开始逐渐成为一种重要的表达方式。它既有手绘的韵味，又有便于修改保存的优势，值得学生们更为广泛地去使用。

（5）图纸表达。内容基本完整，部分图注意到了边缘对齐以及字体、字号的变化。但是细节还有待进一步完善。部分图的排列关系尚需调整。（见图 4-17）

三、《湖韵》

作者：姚依荣；专业：建筑学；指导教师：王鹤。

（一）辅导过程

该方案创作年代较早，针对天津大学校园内湖边的环境，增设公共艺术作品，提升此地活力。方案经过多次修改，安排多种元素相互组合，收到了很幽默的效果。方案富有童趣，符合设计者本科一年级学生的特点。

图 4-17 《动物茶话会》

（二）教师评语

（1）思政融合点。作者对天津大学校园文化及青年湖等的文化意蕴有比较深的了解，所设计的公共艺术作品能够打动当代大学生的心灵，缓解其学习压力，活跃环境氛围，有比较突出的主题意义。

（2）形式美感。方案选用了非常具有童趣的设计，安排了部分情节，尺度合理，色彩鲜明，能够达到比较理想的设计效果。

（3）环境与功能。环境上、作品与湖滨滨水环境和校园环境结合紧密，能够成功起到活化环境这一作者主要的设计初衷。功能上，通过系列公共艺术品的安排，以甲骨文中的水字为主要形态，将休息功能与雕塑形式结合起来，效果理想。

（4）表现方法。该方案的表现方法非常典型地体现出本科一年级学生的设计特点，即还未掌握比较复杂的模型建构技巧，但是作者使用了非常能体现出勤奋态度的方法，即手绘、橡皮泥模型和简单的 SU 建模。手绘又分单色和简单的彩铅手绘。多种方法的组合使用弥补了每种方法了解得都还不够深入的不足，尽自己所能表现出了设计初衷，值得同学们学习。

（5）图纸表达。该方案属于典型的深底色排版方案，图纸成系列布置，没有主效果图。图纸排版基本符合边缘对齐、尺度大小拉开等要求，色彩搭配比较理想，基本实现了训练目标，但有较大提升空间。（见图 4-18）

图 4-18 《湖韵》

四、《水色旋律》

作者：甘若琳；专业：计算机科学与技术；指导教师：王鹤。

教师评语

（1）思政融合点。该方案在主题上聚焦于中国传统文化，灵感来自文学名著《西游记》中的水帘洞；巧妙地通过以水为主的元素以及双重玻璃幕墙的设计，结合声音等不同元素，使现代人能够放松心情、缓解压力，在当前的社会背景下具有较为突出的现实应用意义。

（2）形式美感。方案基本上具备了建筑变体的设计美感，并集成了工业设计及相关领域的最新发展成果，综合使用声光电互动的手段，使水流能够短暂形成中文“欢迎”的字样，表达了促进社会和谐的意义。色彩搭配、运用合理，主题、形式、空间构成均较为合理。

（3）环境与功能。作品综合运用各种方式，与环境结合紧密，并且能够改变水的温度，进一步提升环境的舒适度，并能广泛提供休息遮阳等传统功能。

（4）表现方法。作为一名计算机科学与技术专业的学生，作者没有接受过艺术训练，能够通过课程所学和个人爱好，用手绘以淡雅的形式表达自己的设计意图。逻辑清晰，表述完整。对技术细节有较为清晰的阐释，并综合考虑到了后期的运用和维护，充分实现了通识组的训练目标。

（5）图纸表达。方案为横排版，以手绘图为主要基本元素，字号、字体两者搭配和谐，选取浅色背景，色调淡雅。（见图 4-19、4-20）

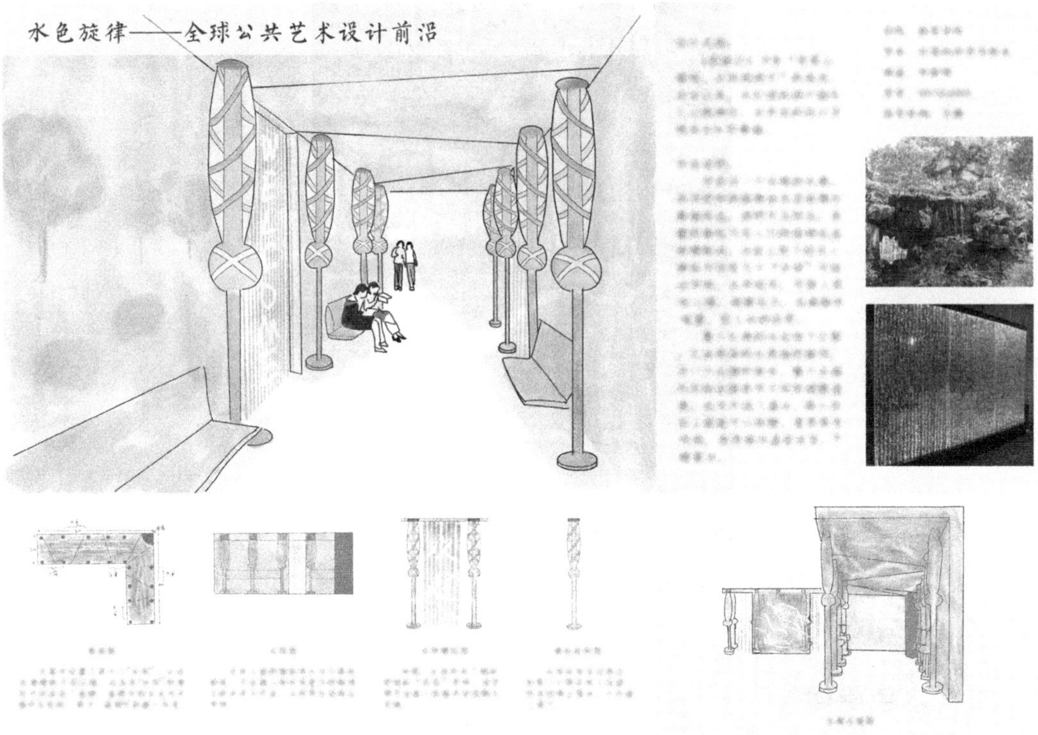

图 4-19 《水色旋律》1

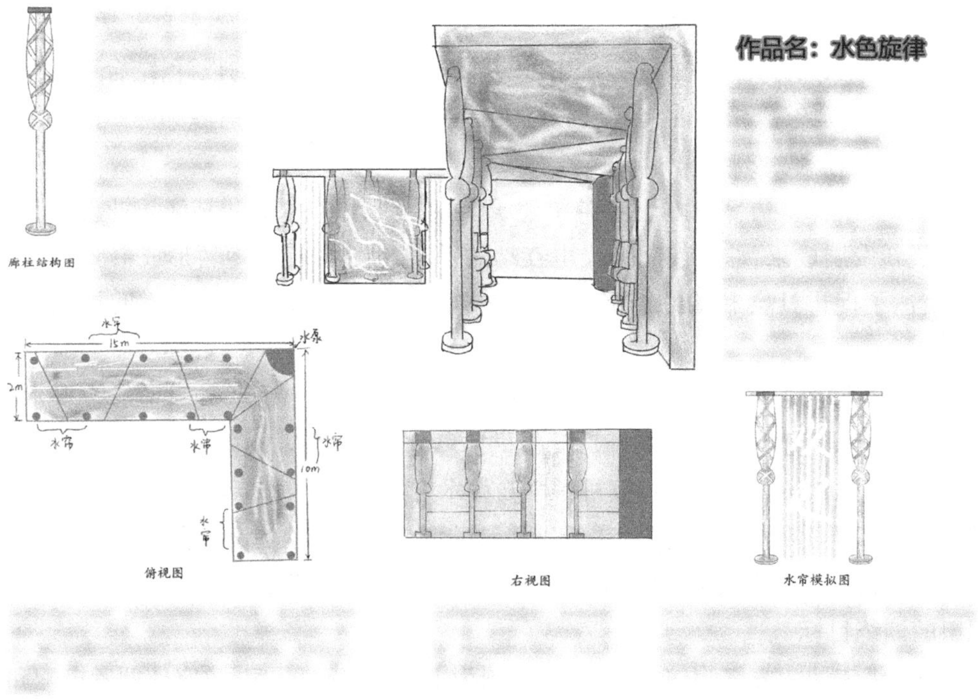

图 4-20 《水色旋律》2

五、《活字印刷》

作者：陈奕泠；专业：环境设计；指导教师：王鹤。

教师评语

（1）思政融合点。该方案的主题是对中国传统活字印刷的再现与弘扬。对当代大学生重新认识中国传统文化以及中国传统印刷工艺的辉煌，包括这种印刷工艺对中国文化的传承作用都有非常积极的意义。这种意义又因为作者采用了独特的手绘形式而进一步有所突出。

（2）形式美感。作品本身类似于储物柜，部分方格被曲调使作品具备了一定虚实结合的观感。单纯来看形式，造型变化不算丰富。但手绘的形式减少了方案的呆板、生硬之感。视觉效果较为突出。

（3）环境与功能。该方案在环境与功能上的考虑，依然比较传统。作品主要考虑设于道旁，距交通流线较近。功能上主要以让游人休息、缓解疲劳为主。作者可以进一步发掘新功能，比如可以充分利用作品的形式实现储物柜等的功能。

（4）表现方法。这是该方案最为独特之处，在机图制作已经高度普及的今天，作者依然能用较为灵动、较为生动的手绘来完整表现自己的方案，虽有一些稚拙感。但更让人印象深刻，为方案加分。

（5）图纸表达。需要看到，手绘制图在排版上有较大的难度，但是该方案依然紧紧抓住制图的要领，横向排版，安排了效果图、立面图、功能示意图、灵感来源等任务书当中要求的主要内容。繁而不乱，整体色调统一，殊为难得。（见图 4-21）

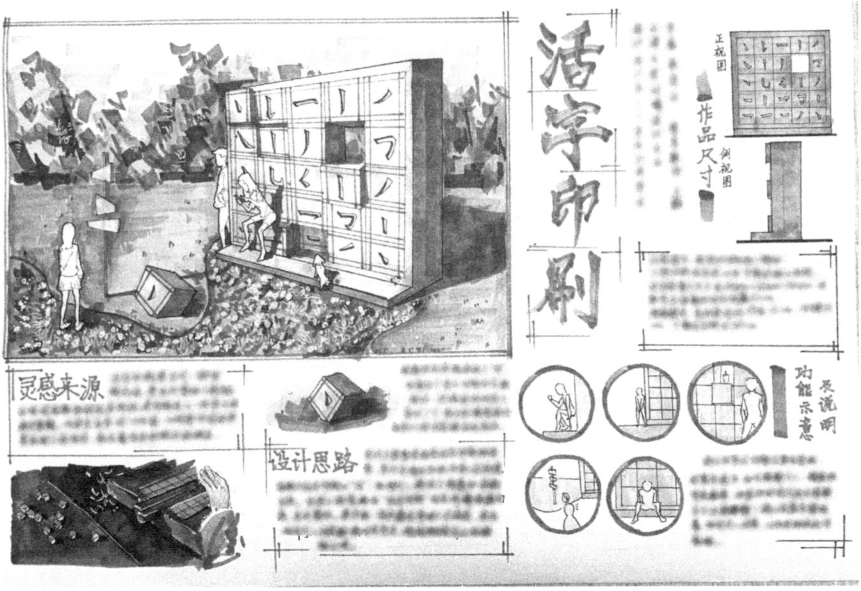

图 4-21 《活字印刷》

第四节 像素化

像素化是两门课程在实践训练中摸索出的独特表现方式，其具体的造型逻辑和规则，请详见中国大学 MOOC（慕课）和智慧树平台“全球公共艺术设计前沿（翻转）”的第三章像素化的部分。在这里，仅对具体制作过程加以介绍。它作为一种介于具象美术和抽象设计的表现方式之间的独特表现方式，允许作者使用真实的或软件的单一元素进行具象形象的构建。在实际制作中，一方面可以使用不同类型的积木，另一方面则可以运用游戏“我的世界”或“我的世界”的编辑器 MagicaVoxel。这种表现方式不仅能够充分降低制作难度，而且能达到理想的表现效果。

一、《美食 / 路灯》

作者：张晓琳；专业：水利水电工程；指导教师：王鹤。

教师评语

（1）思政融合点。该方案结合小吃街等特定环境，将美食文化与特定的环境背景相结合，形式幽默，寓教于乐，美化环境，升华文化，主题意义比较突出；还能够与天津大学关爱学生的水果节结合起来，每年水果节，学校会集中采购由学生投票选出来的多种水果发给学生以改善他们的生活，这个活动获得了学生的普遍好评。

（2）形式美感。该方案将像素化软件易于操作的优势发挥得很好。经过多次修改，方案在基本忠实于水果原貌的同时，通过切削、倾斜，使路灯的造型达到了最优的视觉效果，同时其本身也具有鲜艳的色彩，进一步丰富了视觉美感。

（3）环境与功能。该方案环境契合度较高，从设计的时候就与美食文化联系起来，将作品布置在小吃街、美食节等环境当中。功能上，结合了环境对路灯的广泛需求。功能便利性突出。不足之处在于应该对特定水果的类型及它们的数量有一个整体的安排并制作相应的点位图。

（4）表现方法。该方案充分发挥了像素化设计方法的优势。作者能够在没有相关艺术基础与软件操作基础的情况下，凭借生活经验与课余兴趣进行了比较理想的形态塑造，在参照人物、气氛烘托上也做得比较理想。

（5）图纸表达。方案经过多次修改，少了一些专业效果，但是却有一些独特的韵味和生动的感觉，将像素化设计方法的幽默表现形式发挥得淋漓尽致。细节清楚，不足之处在于设计理念的表述过于口语化。（见图 4-22）

图 4-22 《美食 / 路灯》

二、《理智的基因》

作者：许恩蕾；专业：生命科学；指导教师：王鹤。

教师评语

（1）思政融合点。该方案抓住轰动一时的“基因编辑婴儿”这一社会热点问题，创作出以转基因玉米作物和双链 DNA 为主要元素的公共艺术作品来阐发作者的深入思考，吸引大众关注，正确引导舆论导向。一方面从科技伦理角度提醒科学技术人员，一方面也提醒大众正确看待基因编辑。该方案思考深入，有较强的批判和警醒意识，主题意义突出。从慕课评论意见看，学生们大多对作者对基因编辑的深入思考表示赞许，对用像素化这种方式来表现主题也十分认同，对模型制作中的一些配色和具体结构也都提出了各自的见解。

（2）形式美感。作者选用了像素化表现手法，搭建了转基因玉米作物和双链 DNA 模型，DNA 链条中的一段异色片段代表了被编辑的基因部分。旁边的眼睛表达理性旁观之意。基于现成品本身的美感，达到设计初衷，自我搭建模型，丰富整体效果。

（3）环境与功能。作品计划放在校园环境中，有利于教育、引导大学生认识和反思这一社会问题。作者构建的模型尺度比较合理，各方面要素比较完备，基本可以起到衬托作品的功能。

（4）表现方法。作品采用手工模型制作方法，兼顾思政主题和像素化表现手段。作者使用了像素化手工模型“拼豆豆”，最大限度地发挥了这一工具的表现优势，同时自己手工搭建环境模型，工作量比较大。不过，颜色搭配与形式美感还有较大提升空间。

（5）图纸表达。文字说明基本流畅，图纸底色淡雅，能够很好说明设计意图，不足之处在于难以发挥艺术设计的全部长处。图纸表现较单调，部分字体运用不当。（见图4-23）

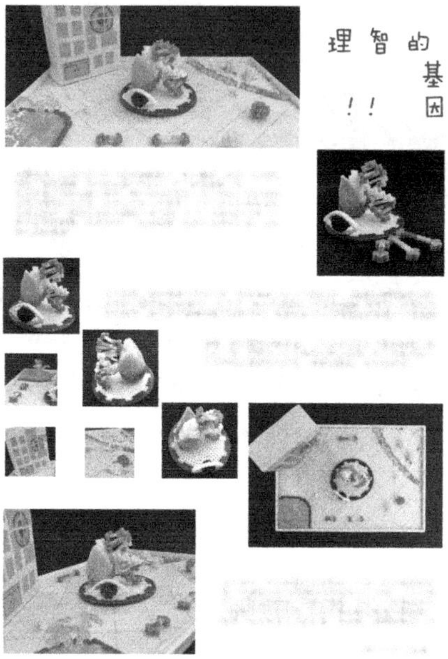

图 4-23 《理智的基因》

三、《吃豆人》

作者：胡宏伟；专业：光电信息；指导教师：王鹤。

教师评语

（1）思政融合点。像素化本身就是一种高度怀旧的艺术表现形式，吃豆人又是街机游戏当中比较经典的一种，具有极高的知名度，使用这种高度为人所熟悉的像素化形象作为主要的表现对象，能够最大限度地得到公众的认可，引发共鸣，增强所在环境的文化氛围，主题意义比较突出。

（2）形式美感。该方案基本发挥了像素化手法的全部优势，在色彩等方面尽力去还原，但是由于软件所限，与原始的、诙谐幽默的形象还稍有差距。应该是像素化基本单元尺度过大造成的，这方面也需要其他同学加以注意。

（3）环境与功能。该方案的环境选取和功能设置，基本合理，作品被布置在广场和游乐场休息区域，游客能够穿越，并在里面休息，体验效果比较理想。

（4）表现方法。这是该方案比较独特之处。像素化造型方法可以表现原本无法表现或其他软件不适合表现的具象化形象。当然,吃豆人本身是一种比较简单的形象,也具有像素化的特征,因此表现手段比较契合实际。

(5)图纸表达。内容基本完整,但是在底色、字体等方面还有较多需要完善之处。(见图4-24)

图 4-24 《吃豆人》

四、《春夏秋冬》

作者:侯家雷;专业:化工学院新工科领军;指导教师:王鹤。

教师评语

(1)思政融合点。该方案为化工学院学生所作。在初始方案中,作者基本借鉴了植物仿生公共艺术的设计手法,将树木本身的营造与环境的设计整体合二为一,秉承着植物仿生作品及其他设计创新作品增加数量、集中使用、高低错落的原则,对作品冠以《春夏秋冬》的标题,进一步突出了对生命的思考以及对自然的敬畏等主题意义,育人效果较为突出。

(2)形式美感。在形式美感营造上,该方案集成了植物仿生和像素化两种设计创新手法,并进行色彩搭配,既富有一种萌趣,又将树木与环境紧密结合在一起,视觉效果优美。

(3)环境与功能。作品本身就营造了一个完整的小环境,能够提供遮阳、休息等多种功能。作者通过压力传感器和音频等实现了人与环境的互动,进一步增强了效果,丰富了空间体验，还对路面、树的高度等进行了符合人体工程学的精心设计，材料运用合理，工艺落地性强。

（4）表现方法。表现方法非常突出地体现出了以像素化为主、辅以设计软件这种方法易于操作、易于普及的特点。对化工学院的学生来说，在零基础的情况下完成有环境体验和较突出主题意义的作品，具有低门槛特点的像素化表现方法功不可没。

（5）图纸表达。通过借鉴大量往届优秀作业，作者选用了很典型的竖排版构图，信息标注完整，达到了训练目标。只是上部的主效果图与其他图尺寸差距过大，应当进一步完善过渡效果，避免图纸视觉效果头重脚轻。（见图 4-25）

图 4-25 《春夏秋冬》

五、《畅游 畅享》

作者：陈炯；专业：环境设计；指导教师：王鹤。

教师评语

（1）思政融合点。该方案综合考虑了当前智能手机的普及与发展，以及大量应用软件在我们生活中的日常使用。方案将大量应用软件实体化，在保留其辨识度的情况下，利用像素化的方法将其搭建成能够让人休息，符合人体工程学结构并搭配公园旅游显示板的硬件，与当前旅游服务数字化和消费体验升级的休闲需求结合紧密，符合时代发展需求。

（2）形式美感。方案综合利用了像素化的方法，符合人体工程学相关原理，运用高低错落、虚实结合等像素化的基本方法，视觉形象较为优美。

（3）环境与功能。作者明确了作品的选址——景点公园等相关的地点，并利用压力感应技术制作公告板，提升旅游环境的数字化服务水平。作品在提升旅游体验消除踩踏等安全隐患方面具有很好的现实作用。当然，为进一步完善作品，公告板的布置还可以有更巧妙、更富于艺术性的方法。

（4）表现方法。作品由专业组学生完成，在要求上自然更高。表现方法综合运用常见的 SU 软件等，但是在制作效果图时，还可以进一步提升视觉感染力与冲击力。

（5）图纸表达。作品综合选用了形式灵活、内容丰富的排版方法，没有拘泥于传统的横竖构图或网格化构图，表现方式更为自由。这种排版使表现形式更为丰富多样，但是也不可避免地带来了信息不够集中、整体构图略显松散等问题。部分排版文字采用竖排形式，降低了阅读体验。（见图 4-26、4-27）

图 4-26 《畅游 畅享》1

图 4-27 《畅游 畅享》2

第五章　课程思政设计实训
——动物保护主题

动物是人类的朋友，动物保护也是近年来大众高度关注的一个社会话题。我们可以看到，从以前对此问题不够关注，到后来整个社会行动起来共同保护动物朋友，在保护动物方面，中国社会已发生很大变化。

所以，一个文明的社会要想展现自身的文明，首先应当从爱护人类自己、爱护人类的朋友，特别是身边的动物开始，进而爱护整个大自然。因此，选择以动物保护为主题进行公共艺术创意设计，有着积极的生态意义。从广义来看，动物保护实际上是生态保护和生态文明构建的一个有机组成部分。相关主题的公共艺术创意设计，因在表现对象上的独特性，而具有了独特的意义，并需要遵循不同的造型逻辑，抓住主题出发点。

第一节　动物保护公共艺术设计训练的教学设计

这一部分介绍了动物形象公共艺术的经典案例以及动物保护主题公共艺术的训练要求。

一、动物形象公共艺术的经典案例

这里介绍了两个近年来设计创作的动物形象公共艺术范例，其在形式选择和与环境的契合上都有诸多可供借鉴之处。此处按照项目选址、项目背景与作者等分项展开介绍，供学生借鉴。

1. 范例一——成都 *I AM HERE*

1）项目选址

近年来，成都在中国公共艺术领域的异军突起不应当令人惊奇，除了著名的《活水公园》和太古里项目外，在建筑内外环境领域，由著名艺术家劳伦斯（Lawrence Argent）创作的 *I AM HERE* 取得极大成功，并得到广泛的关注与研究。

熊猫是深受世界人民喜爱的动物。中国是熊猫的唯一故乡，而中国 80% 的野生大熊猫也都分布在四川省境内。成都大熊猫繁育研究基地也自然成为成都当之无愧的城市名片，也是公共艺术创作的重要灵感来源。

2）项目背景与作者

劳伦斯出生于英国，现居美国丹佛。其创作的位于美国丹佛会议中心的 *I SEE WHAT*

YOU MEAN（著名的“蓝熊”）和位于美国萨克拉门托国际机场的 *LEAP*（“红兔”）都深受世界欢迎。其作品风格游走于高雅艺术与大众艺术之间，但最大的特征都是幽默，他的作品注重深入所在环境的文化根基和当地观众的内心世界。

3）作品形式与主题

对于 *I AM HERE*，劳伦斯在设计感言中这样解释：“The panda declares its presence and gives the art installation social meaning for thought, hence making ourselves think about our presence and reflecting on thought-provoking social significance.” 劳伦斯阐述了他创作的出发点和给予这一作品的寓意：熊猫这个艺术装置不仅宣示着它的存在，而且被赋予了值得深思的社会意义，促进人们更多地思考自身存在的社会意义。

考虑到所选择的基地——成都国际金融中心，*I AM HERE* 的尺度应当是相当大的。完工后，这个作品重达 13 吨、高 15 米。作品与建筑物楼顶边缘结合在一起，形成一只大熊猫正在爬墙的视觉感，产生了独具一格的诙谐效果。作品本身采用了标准的钢铁框架和不锈钢表皮锻造工艺。但作品的设计过程却很独特，甚至也有一些幽默的味道。人们第一眼看到 *I AM HERE* 或“蓝熊”时，都会注意到其表皮是由上千块三角形平面组成的，酷似三维建模的结构。但实际上，劳伦斯采用的是标准的泥塑法造型，只是巧妙地模仿了建模的肌理效果。（见图 5-1）

图 5-1　*I AM HERE*

4）项目社会反响

I AM HERE 的存在打破了其所处的春熙路商业中心地区严肃庞大的商业世界与公众的对立，既以熊猫的视角表现了“我在这里”，也让公众思考自身存在的意义，更让公众对城市发展繁荣进行反思，提醒人们不要忘记在商业发展的同时，关爱像熊猫一样与我

们同在一个地球的珍贵生灵。

5）设计要点

近年来，成都市将熊猫作为成都国际化城市营销的形象品牌，成功塑造了城市形象。邀请具有国际知名度的艺术家创作大型熊猫主题公共艺术，无疑是一条显性的城市营销之路，能够带来广泛的创意产业投资和旅游方面的收益，这已经被英国等国的成功所验证，也能够为全国的其他城市所借鉴学习。

2. 范例二——阿布扎比的《猎隼》

1）项目选址、项目背景与作者

著名的二维公共艺术《曼德拉纪念碑》在世界范围内引发巨大轰动，为其作者钱法内利和他的结构工程师杰里米 • 罗斯（Jeremy Rose）带来了更多的委托。因此，2015 年最新的《猎隼》（*FALCONS*）在中东阿布扎比酋长国的 Yas Mall 落成，这组尺度为 51 × 17 × 17 的巨型作品再次创造了视觉奇迹。

猎隼比其他隼类的体形更大，能够用于鹰猎，甚至可以捕猎野狐狸等较大型的动物，是中东阿拉伯地区王公贵族的宠物，由于其价格昂贵，更成为身份的象征。近年来，向中东地区走私猎隼的情况一直很严重。阿布扎比又是阿拉伯联合酋长国中最重要的一个，集中了主要的政治权力。在石油繁荣下，阿布扎比积攒了雄厚的石油美元。资金充裕，空间开阔以及树立文化自信的急迫，使得阿布扎比成为新时代建立纪念碑的绝佳场所。

2）作品形式与主题

当钱法内利和罗斯接到委托后，意外地发现甲方选定的地点并没有任何纪念方面的特别意义。因此，他们转变设计思路，将纪念转化为“赋予景观以意义”（a hunt for meaning in the landscape），反而创造了全新的视觉效果。

他们采用的方法总体来说还是在“曼德拉纪念碑”中运用过的，只是《猎隼》被放大到了一个空前的体量。阿布扎比的《猎隼》共有 132 根 17 米高的钢柱，用了 120 吨钢铁。这个作品成功地在不同视角上展现出 6 只猎隼的形象，并随着公众视角的转变重新解构、消散，又在另一个角上度重新组合、展现，称其展现了魔术般的视觉奇迹毫不为过。（见图 5-2）

3）设计要点

虽然《猎隼》不是传统意义上的纪念碑，而更像是阿布扎比在全球化时代彰显自身文化自信与软实力的一个举措。从这一点上说，二维公共艺术的设计方法充分达到了设计初衷，如钱法内利所言：在丰富你对于地点的体验方面，这是一个聪明的、引人注目的回应。（There is always an intelligent，compelling response to context that can enrich your experience of a place.）

图 5-2 《猎隼》

二、动物保护主题公共艺术的训练要求

设计课题应以动物保护为主题，以动物为主要表现对象，从多方面展开公共艺术创意设计。作品应具有生态属性，与环境结合度高，如果条件允许应具有实际功能属性。图纸表达要清晰等。

尺度、材质不限，但需要合理。所处具体环境和承载功能不做具体要求，但鼓励借鉴作业范例进行探索，使方案至少包括对环境、休息等基本功能的简单描述。

表现方式可选择软件建模、手绘、手工模型构建等。

图纸应包括效果图、灵感来源说明（含图、文）、设计说明尺寸标注、功能示意图、节点图（可选）、形式逻辑生成（可选）。

图纸数量方面，2 号图（594 mm × 420 mm）或 1 号图（841 mm × 594 mm）1 张。

评价标准如下。

（1）主题积极，弘扬正能量，有自己的思考。

（2）形式上有美感，正确使用课程中学习的设计方法。

（3）对于环境与功能，应有基本介绍。

（4）表现方法不限，最终效果只是评价时考虑的一个方面，更多关注设计方法、创意特、工作量等。课程鼓励生生互助，帮助同学可酌情计入成绩。不建议同学们全利用 SU 软件建模，手工模型构建等新颖表现手段会更加分。

（5）图纸最后需要利用图像处理软件排版，拍摄效果图时，应注重模型的艺术感。

方案整体鼓励创新，没有过多限制，但以下几点可以供同学们参考。

首先是换位思考。很多时候可以把人类自身放在动物所处的位置上，特别是鸟笼或者捕兽体验广场，我们可以看到同学们所做的此类设计。（见图 5-3）

图 5-3　促进反思的作业

其次是结合生态。通过动物形象，甚至鱼骨等表现主题。这些表面上具有消极意义的形象，实际上却能起到警醒人类，使其关注自然、保护动物朋友的作用。因此在这里，动物形象的使用，是与生态环境保护主题统一在一起的。

最后，还有一种实际的关爱，即打造具有实际意义或关怀功能的公共艺术创意设施，在提升环境宜居程度、美化环境的同时，以对动物起到实际的关爱，这也是动物保护公共艺术设计的一个主要主张。

第二节　专业组动物保护公共艺术设计训练详解

这部分集中展示了近年来以动物保护为主题的十份专业组同学的作业，主要通过辅导过程和教师评语两部分对其进行详解。辅导过程，以面授辅导为主的，以简介形式呈现，以线上辅导为主的，附上一次师生对话的内容。教师评语部分包括思政融合点、形式美感、环境与功能、表现方法、图纸表达五个方面。这两部分对教学过程进行了完整展示，形成了一个完整的训练闭环。

一、《浮光海洋》

作者：苏畅；专业：建筑学；指导教师：王鹤。

（一）辅导过程

生问：

对于这次的小作业，我选择的主题是保护野生动物，想采用的设计手法是二维公共艺术的手法；对于目前的想法和完成情况，我绘制了一张 A1 图纸并上传在了附件，还请您查收，并烦请您帮我指正一些问题和错误。

我的作品选址于海南省三亚市滨海的椰梦长廊，初中时我曾与家人一起到过那里。新冠肺炎疫情还未暴发时，我又一次到那里旅游度假。在我的印象里，椰梦长廊本来是一个非常浪漫、有情调的地方，但这次我却在海滩上看到了不少的垃圾与污染物。考虑到近几年对海洋的过度开发和污染，对海洋里野生动物造成了许多不可逆的伤害，我决定选址此处进行我本次的公共艺术作品设计。同时，在保护野生动物的大主题下，我选择了保护海洋野生动物作为设计的出发点。

在观看慕课的时候我就非常喜欢日本的公共艺术，它那种与人在尺度上的亲近感会消除常人与艺术之间一直以来的距离，我首先在整体设计上采用了比较具有亲和力的小体量，同时在造型上采用了海浪的形象去呼应公共艺术本身所处的环境并表现它内涵里的环境，在此基础上又采用负形去创造了海洋野生动物的剪影，整体塑造出了海底世界的意象。因为我个人对二维公共艺术的理解是它的立体感会相对较弱，同时表现的层次略微单一，表达效果相对较弱，因此我将十个二维的切片并置，通过这种方式使它具有更强的立体感、层次感和更大的景深。此外，考虑到此处的自然环境非常优美，不希望人们的视线被遮挡，以及想表达的主题——塑造一个干净的海底，因此我想到了用玻璃作为主要材质，同时我了解到目前有一种比较高端的技术，即玻璃激光内雕技术，可以完美地将负形与玻璃材料相结合，因此我希望采用这样的一种技术去完成我的设计。但是此处我有一个小疑问，就是将这样二维的切片多层叠加后是否与二维公共艺术的概念有所背离？还请老师帮忙解惑。谢谢您！

师答：

小苏，这是完全没有问题的，二维艺术单体的使用不限制数量，大量切片的叠加还可以将景观和装置、设施连接在一起，能够提供一种穿越的体验，甚至有时候还能起到遮阳等作用。

（二）教师评语

（1）思政融合点。该方案以动物保护为主题，结合海洋的特殊环境，选用多种形象叠加的设计手法，更为强烈地突出了人与动物和谐共处这一主题，主题意义深刻，特别是环保属性突出。

（2）形式美感。形式美感突出。二维设计手法的运用十分恰当。作品符合人体尺度比例要求。

（3）环境与功能。环境上选择滨水环境，需要注意滨水环境是一种较为特殊的环境，视野开阔，风力强，有盐分侵蚀，对作品的安全性、可维护性提出了较高要求，在这方面今后可以继续完善。功能上没有做明显的要求，但设置了人可以坐下的基座，具备了一定的休息功能。

（4）表现方法。该方案合理得当地运用了二维公共艺术设计手法，加之不同动物造型的综合使用、SU 软件建模的合理使用，属于事半功倍的典型成功案例。光影的处理十分微妙，巧妙地营造出了独特的视觉观感，也显示出后期处理的重要性。

（5）图纸表达。图纸以横向排版，属于效果图视觉效果突出的类型。与强调信息逻辑传达的排版方式，属于不同的评价范畴。对于注重图纸意境处理的同学来说，该方案有很大的参考价值。（见图 5-4、5-5）

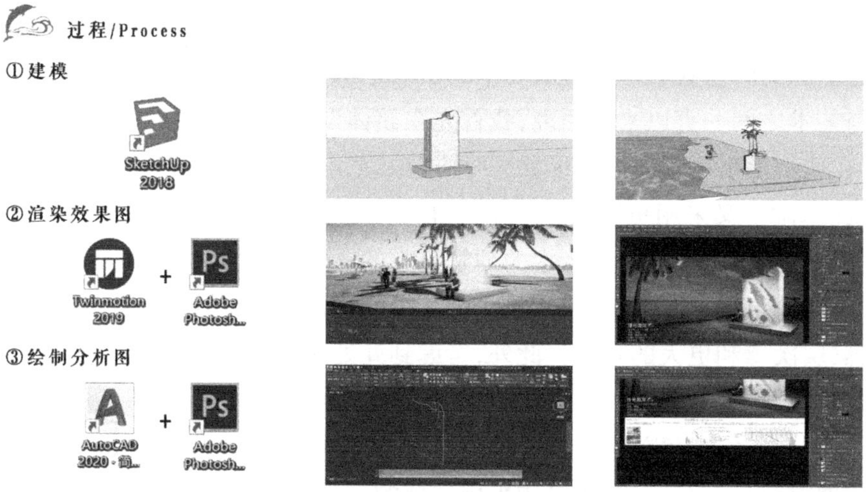

图 5-4 《浮光海洋》过程稿

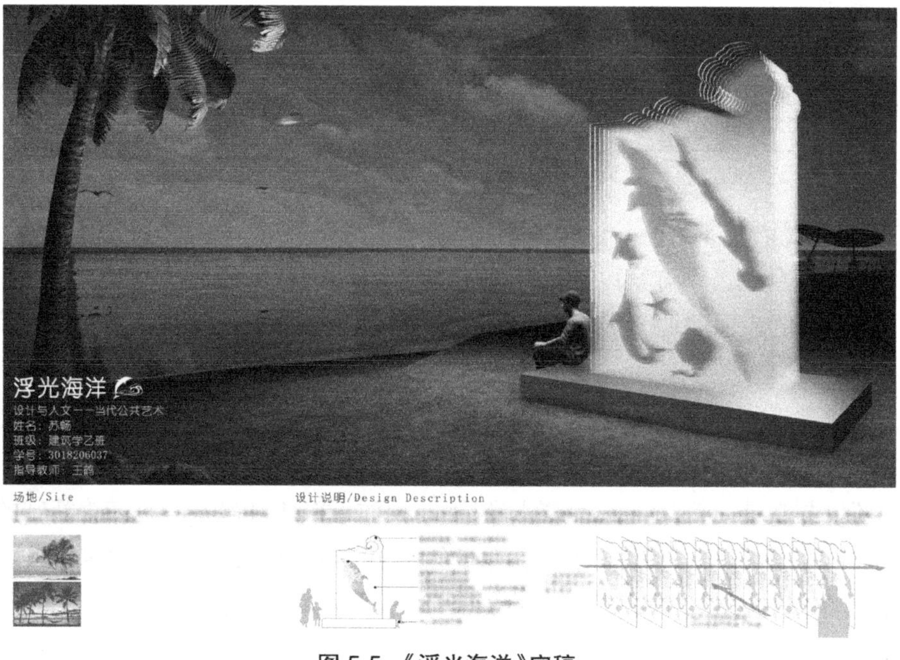

图 5-5 《浮光海洋》完稿

二、《搁浅》

作者：别茜文；专业：建筑学；指导教师：王鹤。

（一）辅导过程

教师针对第一稿中作者信心不足的情况指出：

这个主题是可以的，鲸类的搁浅，现在是动物保护当中一个很重要的问题，你觉得不好的原因，可能是效果图当中作品本体的尺度显得太小。所有的图的色调都过于接近，类型基本相同，这样的图会显得种类单一。设计说明似乎也更多用文字去表述。

学生修改如下：

王老师您好，看了您给我提供的图纸后，我修改了我的图纸，主要修改了以下几个地方。

①将效果图的主体部分放大了，突出了本体的尺度。

②添加了场地分析，俯视图、侧视图，建模过程、局部手工模型（因为在家里，材料不是很齐全，就只用家里的面粉做了局部的手工模型，后期使用PS软件进行了处理）等内容。

不知道修改后的图纸怎么样，希望您可以给我一些建议，谢谢您，辛苦您了！

（二）教师评语

（1）思政融合点。该方案表现鲸这种海洋动物在海滨的搁浅形态以唤起社会对它们的保护和注意，是一种较为常见的表现主题，类似方案已经很多，想出新意其实有困难。该方案综合多种元素，各方面内容充实，与环境结合紧密，思政融合点较为深刻，且这一主题在世界范围内具有普遍意义。

（2）形式美感。在海滨环境中布置公共艺术品特别要讲求形式美感。该方案对鲸鱼骨架进行了高度抽象化的处理，使之兼具景观长廊的功能；具象的鲸尾形态，使作品既富有比较突出的形式美感，也进一步丰富了主题，充实了工作量。

（3）环境与功能。该方案对于环境——海滨的定位比较准确，信息充分，作品带有典型的滨水公共艺术特征，在主题、形式、功能上皆是如此。在功能上，除了休憩、游玩功能以外，还可以挖掘其他更多样的功能。

（4）表现方法。该方案利用了计算机建模结合手工模型构建的方法，比较典型和多样化，具有更为突出的效果，并扩大了信息传达的容量，充分体现了多样化、综合化的表现方法的优势。

（5）图纸表达。从横竖构图、底色运用等方面看，该方案的排版比较典型，并经过多次修改，最终使作品在效果图当中的比例、位置更为合理，边缘对齐，信息传达顺序等更为准确，值得借鉴。（见图5-6）

图 5-6 《搁浅》

三、《标本》

作者：罗圭甫；专业：建筑学；指导教师：王鹤。

（一）辅导过程

生问：

王老师您好，我是建筑学专业大学本科一年级的罗圭甫，抱歉耽搁您的时间了。

一直以来都非常喜欢您的课和授课风格，在听了您的作业布置、看了一些作业范例后，我十分感兴趣并深受启发！对于这次的作业，我非常想要出色地完成。经过一天的思考，我想把我的一些小想法分享给您，希望听听您的意见或者建议。

由于我过去较少接触美术、建筑、公共艺术等，所以我的审美水准和艺术悟性可能不是很高，如果我的想法片面、幼稚的话还请您见谅！

对于动物保护的主题，我构思了一系列的有关元素，包括象牙、羚羊角之类的有关稀有保护动物的一些意象。但是我在其实用功能和外部环境的设定方面有些拿不准，所以我就没有继续思考。

但是我比较喜欢的是有关海洋动物保护的内容，因为涉及海洋的动物保护往往还与环境污染有关。尤其是鲸鱼或者鲨鱼，是游客都很喜欢的意象，也是深受环境污染毒害的生物。我忽然想起，之前在电视上看过一个有关渔山列岛的片子，这是一个非常美丽也非常复杂的岛屿。所以我认为，这里是人与自然高度融合、相互依赖的地方，涉及游客、捕鱼者、垃圾污染、海洋生物、海边景色等。所以我大胆地想要选择这样一个真实的景点（或者与该景点极其相似的虚拟场景）来进行相关的设计，我觉得这样不但更加具有现实意义，还能增强作品的美感。按照这一思路，我也构思了一下设计的表达方式。

师答：

小罗你好，这是一封能看出你的细心、用心的邮件。其中对各种设计思路的阐释都很用心。

设计和建造从来就不是单纯的创作，而是结合了要求、技术、成本、日期等因素的折中产物。所以，选取你想要表现的主题，选择最适合你的方案加以展现，往往会有最出色的效果。从你的介绍来看，你对海洋动物很感兴趣。

最后提出一点小建议。方案的表现不一定运用 SU 软件，试试手工模型构建加一点手绘，新颖的表现手段也可以弥补你的短板，这一点仅供参考，欢迎随时来信沟通。

（二）教师评语

（1）思政融合点。动物保护与海洋环境保护是两个比较常见的生态主题。该方案能够将两者结合在一起，依托作者细致的数据采集与深入思考，利用带有视觉震撼力的形象加以表现，使主题效果突出，警示意义鲜明。

（2）形式美感。作者主要运用了二维剪影形式，巧妙地使用了折线形的构图，既得到了想要呈现的视觉效果，又保证了作品的安全性和结构稳定性，还增大了观赏角度，属于比较巧妙的设计。汉字的填充是这个作品的一个设计特点，但是在实际运用中的效果也许并不理想。其实可以考虑用像素化填充的手段。

（3）环境与功能。作品拟布置于我国著名的旅游海岛，属于和所在环境联系比较紧密的作品。不过也可以考虑将作品布置在能够让更多游人观赏到的位置。

（4）表达方法。综合使用了手绘和 SU 软件建模的方法，在专业组同年级学生的方案中属于比较典型的方案。

（5）图纸表达。内容丰富全面。设计说明文字占的比重较大。效果图当中的角度可以做一些微调。图纸可以以更符合信息传达逻辑的顺序，有主次地加以表现。（见图 5-7）

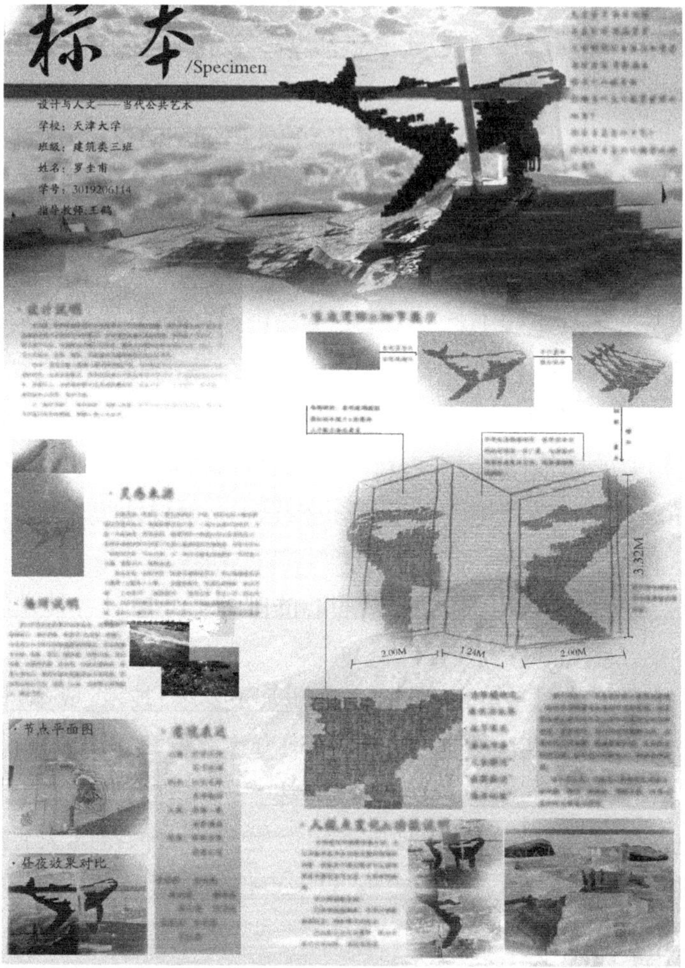

图 5-7 《标本》

四、《徙居》

作者：张雨萌；专业：建筑学；指导教师：王鹤。

（一）辅导过程

该方案历经多次意见交流与修改，但使用手工模型表现人与动物的和谐共处和对当前的反思是作者从一开始就确定的，后期作者则主要根据方案的主题对色彩、排版方式、表达方式进行了较多的修改。

（二）教师评语

（1）思政融合点。该方案以生态保护为主题，通过换位思想结合人、鸟类和鸟笼进行创作。特点是让观赏者与传统的被观赏者——鸟类进行换位，让人进入类似鸟笼的空间，让鸟类在自由的环境中飞翔，立意成熟，主题深远，契合当前生态文明建设的大背景，有比较独到的社会意义和环保属性。

（2）形式美感。形式优美。鸟笼的半截布置，使作品虚实得当。周围布置的鸟类的模型也比较具有构成美感。色彩上，保留了材料原有的色泽。目前看作品与所处环境的搭配比较得当。

（3）环境与功能。环境上，该作品与所处自然环境契合度比较高。功能上，显然是通过特殊设计的鸟的装置满足人们休息的需求的，这样的功能提供在缺少类似设施的森林等自然或半自然环境当中显得尤为重要。

（4）表现手法。该方案没有使用常见的 SU 等软件，而是使用了比较复杂的手工模型，对纸材和其他的板材进行搭接切割，完成了一件比较优美的作品。细节制作比较精到，能够很好地展现自己的设计意图。

（5）图纸表达。作者思路清晰，工作量充足。效果图冲击力强。方案从各个角度展示了模型质量较高、有很强的示范意义，唯一的不足是部分效果图在角度上与模型的结合不是特别的理想。（见图 5-8、5-9）

图 5-8 《徙居》1

图 5-9 《徙居》2

五、《鸟之遐想》

作者：刘安琪；专业：建筑学；指导教师：王鹤。

（一）辅导过程

作者认为鸟类应该是自由的生物，为了满足观者的乐趣而将它们关在鸟笼内是错误的做法。作者设想通过鸟类与人们的身份互换来促使人们换位思考。因此，在某鸟类博物馆外的空地上，设置三个尺寸不同的鸟笼状休息空间，在满足休闲需求的同时还能彰显环保主题。

（二）教师评语

（1）思政融合点。该方案凸现着作者的环境保护初衷。按照作者的设计思路，在鸟笼状休息空间中，人们会短暂地以一只笼中鸟的视角观察这一世界，体会鸟类在鸟笼中的拘束感，从而对保护鸟类有更深的认识。但这一思路是否过于偏激？是否可以从更为正面的角度去促进人们关注环保？这应该是值得商榷的问题。

（2）形式美感。该方案运用了现成品复制的方法，但选择的鸟笼不属于形式感非常突出的现成品，所以在视觉美感上不可避免地打了折扣，后期需要进一步从色彩、环境一体化设计方面来考虑。

（3）环境与功能。从鸟类博物馆的人文环境来说，作品主题与之契合度很高。从物理环境来说更是如此，作品与环境的联系方式非常多样化，可以安装在地面也可以悬挂，充分体现了公共艺术专属于某环境的特征。在尺度上，将鸟笼加以变形和拉伸，成功为人们提供了休息空间，但从人体工程学，特别是人的心理感受上看，该方案尚有值得商榷之处。

（4）图纸表达。排版风格独树一帜，对主题与意图阐述清晰，细节处理艺术性强，信息标注完整。（见图5-10、5-11）

图5-10 《鸟之遐想》1

图 5-11 《鸟之遐想》2

六、《它们去了哪里又剩下了什么》

作者：董渠成；专业：建筑大类；指导教师：王鹤。

（一）辅导过程

选用方法得当，易于掌握，效果可控。初稿说明详尽，整个沟通高效且迅速进入主题。后期由于时间紧张，没来得及就环境和结构安全性进行沟通，有些可惜。

生问：

王老师好，本次作业我选择了动物保护的主题，准备采用二维负形的方法来表现。

首先，我希望将呼吁保护的动物的形象做成剪影，采用其在现实中的比例，以最简洁的方式让人们，尤其是小孩，能够认识它们的形象和大小（这往往是教科书的描述无法传达的）。了解是保护的第一步。

其次，对图底关系进行转换，采用负形的方法让形象的轮廓更为明确，同时为了实现促进动物形象与人的互动的设计意图，将在墙体或板材上以镂空的形式来呈现动物形象。这里还蕴含了一层意思，就是它们濒临灭绝，即将消失，未来可能只留下如剪影一般的空洞形象。

最后，再进行一次图底关系的转换，动物形象由图变为底，突出某些特殊的部分。这些部分正是人类捕杀野生动物所谋取的部分，如象牙、犀角、穿山甲鳞、熊掌、羚羊角，再次强调人类是造成它们灭绝的罪魁祸首，呼吁人们抵制这些野生动物制品。

以上便是我的初步构思，还存在许多不完善、不合理的地方，希望老师能给我一些下一步的建议。

师答：

小董你好，你的想法非常好，大的方面没有问题，不过如何利用二维正负形这一手法去处理那些特殊的部分以及如何选取背景，是你下一步主要思考的问题。有的二维作业处理得很巧妙，发给你以供参考。

学生修改：

经过与老师的交流，我考虑了特殊部分的处理如何实现的问题，参考了往届同学的优秀作品，选择将原本设想的整面的墙体分开放置，并按一定角度摆放，增强纵深感，使人行走其中可以有更好的观看角度。

主体部分使用了混凝土材料，特殊部分的处理选择将原本填实的位置贴上黑色大理石以进行突出。场地选择在了公园中的一条小路两旁。方案的表现方法上，选择用水彩画来表达自己心中纯粹而美丽的自然环境，以世界的美好来衬托空洞的空虚、痛苦。

（二）教师评语

（1）思政融合点。该方案选取动物保护作为主题，运用多种现有的动物剪影形象，采用课程中介绍的二维负形公共艺术设计形式，保证了作品的视觉通透性，并且展现出一些动物濒临灭绝这样一种事实，属于利用设计方法强化主题的典型方案。

（2）形式美感。二维剪影允许使用现有视觉图像作为负形的轮廓，因此视觉美感容易把握。由于正负形的设计容易单调和显得工作量不充足，因此作者使用了多种动物形象来弥补这些不足，从效果来看非常理想。

（3）环境与功能。作品与环境的关系比较协调，其尺度比例的处理也比较得当。而且作者还综合考虑了交通路线的问题，不过作品的摆放角度还可以随着路径的蜿蜒曲折有所变化。功能设置合理，作品具有可穿越的特点，可供人攀爬，休息。

（4）表现方法。该方案的表现方法非常独特，采用完全手绘的形式，并且以两种不同的视角进行表现，丰富了整体的视觉观感，虽然色调尚有需完善之处，但是细节完整，能够较理想地展示设计意图。作者选用的这种手绘的表现方法，别具一格，而且彰显了其勇气，也适合低年级同学，值得鼓励，值得学习。

（5）图纸表达。手绘结合Ps软件的处理，比较理想，能很好地展现设计意图。设计说明的逻辑性有待增强，抒情文字与设计说明可分开展现。（见图5-12）

图 5-12 《它们去了哪里又剩下了什么》

七、《软糖陷阱》

作者：薛笑雪；专业：建筑大类；指导教师：王鹤。

（一）辅导过程

该方案的辅导过程非常完整。薛笑雪同学的设计带有一种很萌的感觉，特色鲜明，洛跃了整个学习过程的气氛。

（二）教师评语

（1）思政融合点。该方案利用软糖、牛奶瓶这些寻常可见的事物表现动物保护的主题，虽然稍显间接，但是依然能让人感觉到对人与动物和谐相处的期望以及对这一话题的关注。

（2）形式美感。作者使用现成品作为基本元素，注意了色彩对比和尺度对比，效果比较理想。

（3）环境与功能。环境选择基本得当。该作品适合放置于商业街、步行街等人流密集、节奏快、商业氛围浓厚的环境当中。功能上，通过部分附属结构的设置，满足了人们休息的需求。一些独特的装饰地灯也很有趣，但需要考虑步行街的整体照明设计，单独的地灯设计不一定实用，容易增加作品的成本与施工难度。

（4）表现方法。该方案的表现方法比较独特，使用了板绘的方法。作者认为这种方法比较简单，但是对于具有高度开放性的公共艺术的设计方案来说，表现方法没有简单与复杂之说，只有与自己的设计意图是否契合一说。该方案的表现方法与设计主体非常契合，成功地表达出了那种软萌的感觉，展现了理想的学习流程，是一个值得学习的范例。

（5）图纸表达。排版上，作者在一年级同学当中水平较高，各方面要素的安排比较合理。在内容的丰富程度，字体与字号的合理选择，形式、功能等示意图的划分区分上，可以进一步向高年级同学学习，可在今后不断提高。（见图 5-13）

图 5-13 《软糖陷阱》

八、《WHERE ARE THE CATS》

作者：杨栩；专业：建筑学；指导教师：王鹤。

（一）辅导过程

辅导主要围绕如何进一步模块化和提升作品所用材料的生态属性进行，以解决作品在使用中的便利性、维护性、落地性等实际问题，是比较典型的对高年级同学进行的辅导。

（二）教师评语

（1）思政融合点。在动物保护主题的公共艺术设计教学中，引导学生通过巧妙的形式、合理的功能为动物提供实际的庇护所和帮助是重要的育人目标，也是体现人道主义关怀的主要途径。

（2）形式美感。该方案形式上以构成为主要手法，借助模块化思路，选用低成本、易于复制的正方体为基本元素，其形体坚固，易于组合。不足之处在于方案对正方体之间如何连接和安装以保证坚固性，没有足够的交代。

（3）环境与功能。环境上，该方案选择校园这一构成相对单纯、管理具有一定封闭性特点的空间。但功能上需要注意与传统公共艺术功能设计上以人体工程学为主要理论依据和出发点不同,为猫、狗等小动物设计公共艺术作品要从小动物的习性、体态、生活空间要求等要素入手,甚至需要进行一定的调研与研究。该作品功能上尺度适宜,符合小动物生活需要,同时还充分考虑了动物与人的互动,这种互动可活化空间,进一步提升环境品质。

（4）表现方法。该方案以高年级同学熟悉且擅长的建模为主要表现手法,形象逼真,感染力强。

（5）图纸表达。浅底色使得整体色调淡雅,采用传统竖排版方式,效果图在上。排版手法娴熟。该方案具有较强参考价值。（见图 5-14）

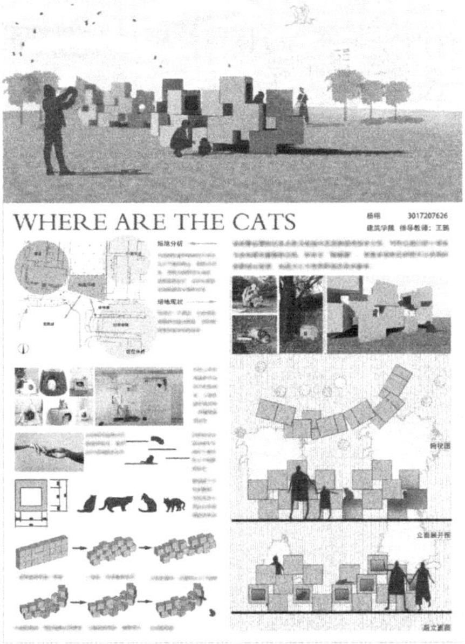

图 5-14 《WHERE ARE THE CATS》

九、《U R neXt》

作者:娜迪拉·阿布力克木;专业:建筑学;指导教师:王鹤。

（一）辅导过程

辅导主要围绕二维剪影形式如何使用、如何进一步提升落地性,如何进一步增强效果图的表现力等问题进行。

（二）教师评语

（1）思政融合点。该方案以澳大利亚大火的影响引出主题,关注世界范围内的生态问题,综合考虑碳排放、全球变暖以及动物保护等问题,具有较为开阔的国际视野,但对三者之间的联系的阐述还需要更精细的调研。

（2）形式美感。该作品选用了成熟、合理的二维剪影设计手法。独特之处在于将多个二维剪影形式的北极熊形象纵向串联起来，使用经过拉伸的字母剪影增强其稳固性，并实现与人的更好的互动。

（3）环境与功能。环境上，作者立足于自己的出生地——新疆的特定气候环境展开设计，从近年来促进旅游的一角度看，有自己的合理性。在互联网和移动社交媒体发达的时代，该公共艺术作品的选址或许可以成为作者设想的“网红打卡地”，但是作者在作品与人的尺度的关系和对交通流线的阻碍方面，还需要有更深入的考虑。

（4）表现方法。该方案使用了高年级同学熟悉且擅长的建模表现手法，但视觉冲击力有待提升，主效果图角度、色调都有较大调整余地。

（5）图纸表达。在排版上，该方案使用了相对小众的效果图在下的手法。但这种手法配合浅底色呈现出上轻下重的视觉效果，且单线图过多，减弱了视觉效果。（见图 5-15）

图 5-15 《U R neXt》

十、《消失？》

作者：刘轩；专业：建筑学；指导教师：王鹤。

（一）辅导过程

辅导主要围绕基础元素的选择、正确方法的使用、作品与周边环境的关系进行，大部分问题均得到解决。多元化表现手法的优点得以展现。

（二）教师评语

（1）思政融合点。该方案同样将动物保护这一重要主题，由中国本土扩展到全球，也以影响甚大的澳大利亚山火事件为切入点，选取两种在此事件中受影响极大的动物——

考拉和袋鼠为主要表现对象，提醒人们注意保护动物及其多样性的重要性。

（2）形式美感。在形式上，该方案正确使用二维与现成品公共艺术设计手法，以节省成本、降低制作难度为主要出发点。考拉和袋鼠综合使用二维形象展现直观、生动、幽默。地球综合使用现成品和二维公共艺术设计手法，经纬度线的布置一方面突出了地球的属性，又进一步加强了作品的结构稳固性。

（3）环境与功能。环境上，作者虽然对基地进行了较为深入的考虑，但在布置的时候，还可以进一步考虑对场地文脉的传承以及将其置于何处能够产生最大的警示意义。功能便利性上，虽然该方案重点不在功能上，但是基座基本上是可以供人休息的。

（4）表现方法。建模并不复杂，有可能降低效果图的感染力，但作者还制作了手工模型，综合使用多种表现方法，模型照片的使用更是该方案的加分项。

（5）图纸表达。图纸的整体表现手法比较经典，效果图占总体比重较大。色调淡雅，内容虽不多，但对于这样相对简单、元素相对单纯的作品来说，已经很能够说明各方面的问题，很好地交代了制作过程。（见图 5-16）

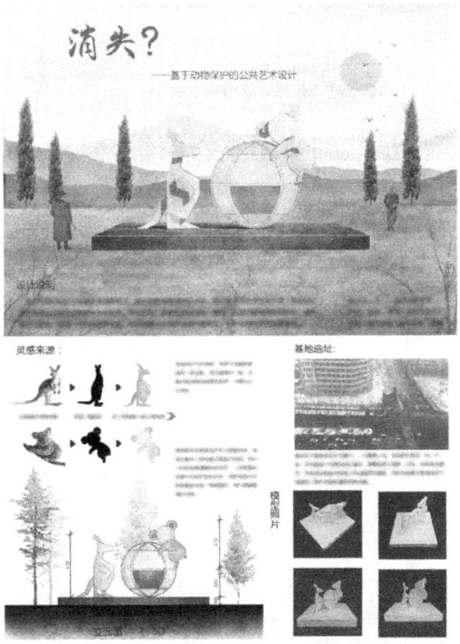

图 5-16 《消失?》

第三节　通识组动物保护公共艺术设计训练详解

通识组的学生主要来自建筑学院之外的各学院，他们基本没有艺术基础，因此对于他们，课程有不同的训练目标、要求、资源和支持机制。

一、《动物世界》

作者：吕青璇；专业：电气自动化；指导教师：王鹤。

（一）辅导过程

辅导主要围绕方法的正确使用、动物的选择以及与环境的关系进行处理。但对于最后的排版表现，辅导过程的相对缺失影响了总体效果。

（二）教师评语

（1）思政融合点。该方案由电气自动化与信息工程学院的同学完成。在设计灵感来源中，作者简单直白地指出了生态环境的恶化以及动物们所遇到的危险。虽然灵感来源的介绍略显简单，但基本能够达到设计要求。

（2）形式美感。在形式上，该作品正确使用了二维剪影的手法，将地球的部分剪影与动物的形象结合起来，以较低的成本得到较为理想的视觉效果。

（3）环境与功能。该方案在环境与功能上较好地掌握了课程的精髓。利用剪影负形的手法进行设计，不阻碍交通流线，并可以与道路结合，适合布置在公园等环境中。文字的设置显得画蛇添足。

（4）表现方法。该方案以手工模型为主要表现方法，利用废弃的纸盒以剪纸手工的方式完成模型制作，特色鲜明。虽然细节还不够精细，但基本达到训练效果。

（5）图纸表达。该方案注重效果图与各方面要素的协调布置，对深底色的运用比较合理，各方面要素均比较完整。但部分字号稍显过大。（见图 5-17）

图 5-17 《动物世界》

二、《海之骸》

作者：杨墨涵；专业：工业设计；指导教师：王鹤。

（一）辅导过程

辅导主要围绕框架化手法的正确使用、材料的使用以及排版表现等问题进行。

（二）教师评语

（1）思政融合点。该方案虽然同样以鲸为基本表形象，但突出了鲸在海洋生活中大量误食人类丢弃的塑料垃圾而产生的悲剧，并由此引申到海龟、海鸟等其他动物，警示人们注意生态环境保护。

（2）形式美感。该方案综合运用了二维剪影负形的手法，特别是以镂空的负形集中呈现了塑料瓶、废弃纸杯、塑料袋、被丢弃的鞋等固态垃圾形状，既丰富了视觉效果，又有效降低了作品风阻，还进一步强化了思政融合点。

（3）环境与功能。在环境上，该作品选址于滨海公园观景台附近。作品在设计时选用了以钢管为主要材料的加强结构并进一步贴近了真实鲸鱼骨骼的形状，也进一步加强了作品结构的稳固性，同时与环境进行了很好地结合。

（4）表现方法。该方案运用工业设计专业学生们常用的建模软件加以表现，并综合使用 PS 软件展现环境，是一种近年来较为常见的通识组学生采用的训练方法，也符合课程立足学生自身专业技能的设计出发点。

（5）图纸表达。该方案使用两张图纸综合表现，使用浅底色。虽然与专业组学生的方案相比，内容排版相对松散，文字过多，图纸数量略少。但细节处可见匠心，别有一番风味，值得同学们学习。（见图 5-18、5-19）

图 5-18 《海之骸》1

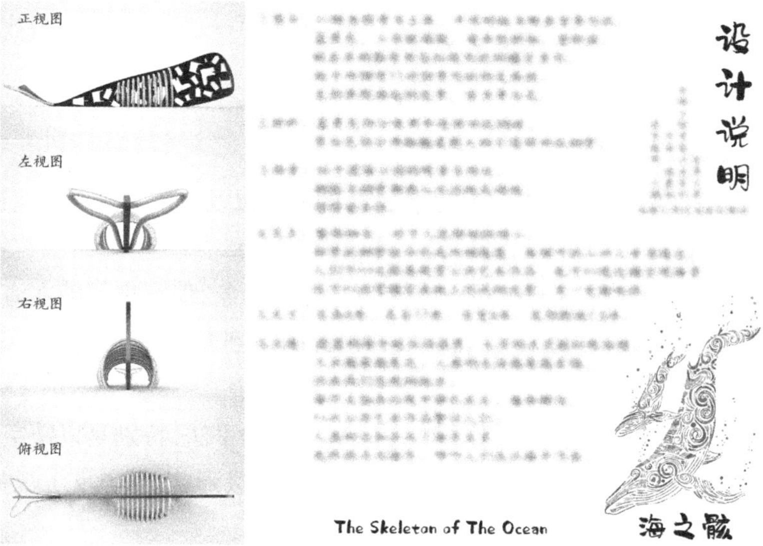

图 5-19 《海之骸》2

三、《断裂的基因》

作者:周昱菲;专业:生物科学;指导教师:王鹤。

(一)辅导过程

作者制作了与自己的专业——生物科学紧密相关的方案,利用大家熟悉的 DNA 双螺旋作为主要的形式元素,构思合理。在经过师生多次沟通之后,作者去除了部分难以表达的事物之后,保留了基因完整的形态,曾尝试使用积木搭建基本环境,发现效果不理想后,选用了现在的方案,经多次修改,达到了理想的效果。作者学习态度良好,使用了不拘一格的表现手段,在创作过程中不断试错,最终达到理想效果。辅导过程完整。

(二)教师评语

(1)思政融合点。该方案选择了为人们所熟悉的基本形式,能够弘扬正能量,让人从中体会到对生命的尊重与理解,思政育人意义突出。

(2)形式美感。DNA 双螺旋本身就是来源于自然的一种具有旋转、渐变、韵律等构成形式美感的现成品形式。确定了适宜的表现手段之后,作者通过喷漆将其处理成不同的颜色以形成对比,反复尝试倾斜等变化,收获了更为理想的视觉效果。

(3)环境与功能。从作品尺度看,选址在公园、商业街是可以的。今后可考虑添加适宜的功能。

(4)表现方法。表现方法值得学习,在不熟悉软件建模且没有相应艺术基础的情况下,作者选择手工模型进行方案中作品模型的构造,展现出了自己的创意和特色。形式感突出,经过反复的尝试,达到了非常理想的效果。该方案可以作为手工模型表现过程的一个范例。

（5）图纸表达。图纸简洁，符合基本的边缘对齐等排版法则，字号、字体运用基本合理得当。底部的斜视图和俯视图可以对齐排版，小标题不必上下分开排，后续可以进一步改进。将模型作为图纸的主体，值得鼓励推广，但这种情况下，拍摄技巧很重要。（见图5-20）

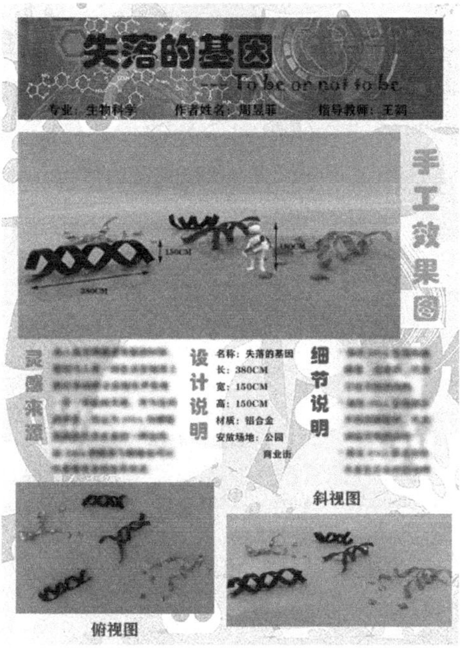

图 5-20 《断裂的基因》

四、《鱼跃》

作者：戴可心；专业：数学；指导教师：王鹤。

（一）辅导过程

方案辅导过程相对简单，但体现出了专业组学生和通识组学生互相帮助、共同进步的学习特点，这是课程建立学习共同体这一教学创新举措的具体体现。

（二）教师评语

（1）思政融合点。从主题上，作者以鱼这种熟悉的生物为表现主题的基本元素，这本身就带有一定的生态意义，不过关于鱼与生态的联系和思考还有进一步深入阐释的空间。

（2）形式美感。该方案形式优美，这是它最突出的一个特点。作者能够正确使用课程中所学习的设计方法，完成一件形式优美的作品，值得鼓励，但在色彩上使用白色确实如网评所说有易脏的问题，而且可能不容易融入环境，但是在制作的时候，白色省去了上色这一步骤，目前来看可以接受。但鼓励学生在自己的作业当中结合环境，使用丰富的色彩。

（3）环境与功能。目前，课程对通识组学生的要求相对较低，这件作品没有特别标明环境，希望作者在制作方案时能够融入对所在环境的介绍，因为在实际工作中这些作品更接近于建构作品。此外，在此作品中，虽然人们可以休憩，但这种功能并不突出。鼓励学生为自己的作品增加休息、遮阳等基本的功能。

（4）表现方法。表现方法是这件作品的亮点所在，作者运用折纸等工艺，选用模数化的方法，结合自身的生活经验与业余爱好完成了方案。

（5）图纸表达。最后的图纸综合使用图像处理软件排版，突出手工模型。字体大小得当，排版视觉观感良好，色调淡雅，充分达到了课程的设计要求。（见图 5-21）

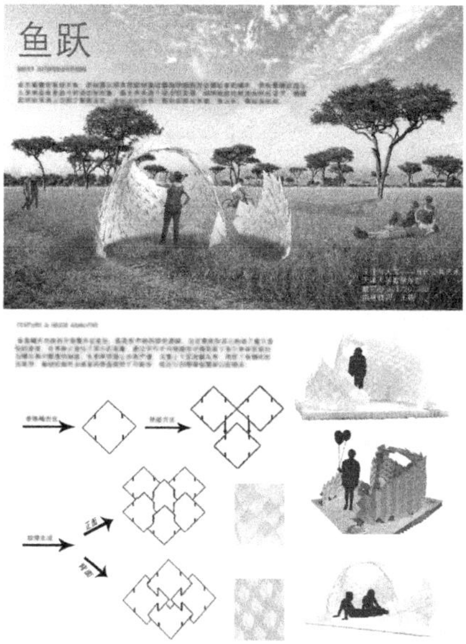

图 5-21 《鱼跃》

五、《水族馆的章鱼》

作者：姚紫芃；专业：数学；指导教师：王鹤。

（一）辅导过程

从大量网评中可以看出，这件作品非常受欢迎。但工作量稍小，作品（实际模型）与环境的关系也不够紧密。不过辅导过程通过手绘体现在了最终图纸上。

（二）教师评语

（1）思政融合点。从主题上看，该方案选用海洋生物保护作为主题，在一定程度上表达了生态保护的主张，符合课程所说的与自然和谐相处的主题，有正能量。

（2）形式美感。在形式上，方案所选用的动物造型比例得当，可爱有趣，且在色彩、尺度方面与周围环境结合得比较理想。黏土塑造虽然在课程当中没有系统讲述，但是后面章节提供了制作方法。

（3）环境与功能。该方案对环境的介绍非常详尽，选址位于极地海洋馆附近，与环境紧密结合，且提供了参照人物，突出作品尺度。功能主要通过眼部的LED灯、八条腕足所提供的休息设施等体现。作者构思严谨细腻。

（4）表现方法。表现方法是这件作品的亮点所在，作者没有使用建模的方法，而是利用了我们寻常可见的黏土构造模型，虽然尺度很小，但是基本上符合图纸的设计要求，完全符合课程要求。

（5）图纸表达。作者利用图像处理软件对图纸进行了排版，美中不足的是部分设计说明文字的字体可以换为打印字体，使其更为的规整清晰，目前的手绘草图可以稍微缩小，使其具有概略图的观感。（见图5-22）

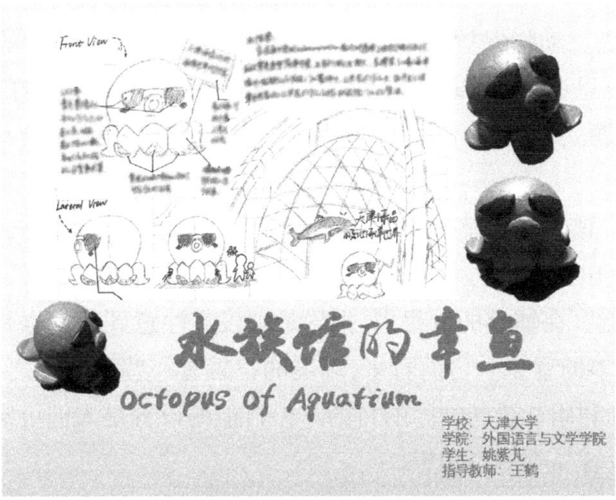

图5-22 《水族馆的章鱼》

六、《Twins》

作者：郭莎婷；专业：工程管理；指导教师：王鹤。

（一）辅导过程

作者从社会现实出发提出自己的构想，在与指导教师交流的过程中，不断深入思考，去除不合理之处，保留精髓；作为通识组学生，作者自学相关软件，最终制作出达到了理想效果的方案。整个辅导过程是一个典型的完整辅导过程，在美育方面有示范意义。

生问：

本次作业我选择的主题是动物保护。确定主题后，我搜索了与野生动物保护相关的宣传内容，被一则公益广告所吸引。广告对比了蜷缩的穿山甲和蜷缩的人，令我震撼的同时，也让我有了一些想法。我想以镜像为表现形式，把蜷缩的人和穿山甲放在镜子的内外，人的眼泪又和穿山甲的鳞片形成镜像，散落在四周。

为了完成这个作业，我选择了穿山甲和孩子蜷缩的照片，用 Ai 软件将两者的轮廓描绘出来，经过描摹和复合路径导出 dwg 格式的图，再导入 SU 软件中构建平面图，最后做出了初步模型。由于还没有学会曲面的制作，眼泪和鳞片没有画出。

老师您觉得这样的形式可以吗？需要再进行怎样的改动呢？期待您的回信和指正。

师答：

用二维的设计方法是没有问题的，但是公共艺术是一种立体艺术，和海报这样的二维的艺术还是有区别的，目前主体分散，显得不够集中。我建议只保留穿山甲的形象，也许可以再加上一种其他的动物，并将它们放在一起，可以与墙平行，这样一来，既显得工作量比较充足，又充分发挥了二维公共艺术节省空间的这样一个优点。

（二）教师评语

（1）思政融合点。动物保护确实是现在中国生态文明建设当中的重要环节，牵涉到方方面面，需要辩证思考，更需要广泛动员。方案能够结合公益广告的手法，用尽可能简洁的二维形式将主题展现出来，以覆盖最广的受众，并且在理解上没有歧义，思政融合点比较突出。

（2）形式美感。该方案完整运用了二维正负形的手法，造型完整，并运用了特定的色彩，形式美感比较突出。

（3）环境与功能。在辅导的过程中，指导教师没有注意到环境也是作者自建的，所以没有对环境提出更多的意见。目前看来，环境的设置有一些不合理之处。其实选址在水边就可以了，能达到利用背景的纯净的目的。但目前的设置是人们可穿越水面，这不太符合无障碍的需求，也容易有安全隐患。

（4）表现手法。作者自学 SU、PS 等建模与图像处理软件，在这个过程中体会到成就感，审美素养与动手能力都得到了提升，这正是课程思政示范课的育人目标。

（5）图纸表达。内容基本完整。要素布局基本合理。方案能够完整展现作者的设计意图。作者还可以在图纸的多样化表现、部分字体字号的运用上有所改进，以取得更大的进步。（见图 5-23）

图 5-23 《Twins》

七、《鲸落》

作者:包珂玥;专业:工业设计;指导教师:王鹤。

(一)辅导过程

该方案经历了表现手法由简单的手工模型建构结合手绘过渡到手工模型建构、手绘结合软件,具体渲染这样一个进步的过程,而且经历了由没有考虑环境到有完整的对环境的考虑的过渡,工作量在这个过程中也变得充足。这样的转变是在工业设计专业的学生中普遍存在的,这一教学辅导过程非常具有典型意义。

(二)教师评语

(1)思政融合点。鲸落是一种非常典型的生态现象,鲸的尸体能够滋养整套生态系统。但近年来的捕鲸和海洋污染破坏了这一现象,这是大家都很熟悉的一个话题。虽然选择以鲸落作为设计出发点的学生比较多,但它依然具有比较典型的思政融合意义。

（2）形式美感。作者选用了非常独特的，刚与柔、直线与曲线结合的手工纸质模型来表现自己的设计思路，这在以往非常少见。该方案的画面和布局确实具有一种唯美感，即使在可实现性上稍有不足，也可以接受。

（3）环境与功能。作者考虑将作品布置在海洋周边的环境中，但功能设计上没有明显的考虑，可以适当考虑增加生态功能。

（4）表现方法。该方案表现方法非常典型。作者一开始基于个人兴趣创作了手工纸质模型并手绘背景，后期为了弥补表现力不足和工作量不足的缺点，引入了建模，渲染模型并用图像处理软件加入海洋环境。多种表现方法相结合，有效弥补了单种表现方法的不足，非常值得学习。

（5）图纸表达。该方案的排版很有特色，并没有按照效果图在上、设计说明在下等偏重理性冷峻的形式进行排版，而是更注重自身的主观感受与唯美的视觉观感，也表现出了非常独特的特色。有设计感的字体进一步增强了图纸的表现效果。（见图 5-24、5-25）

图 5-24 《鲸落》1

图 5-25 《鲸落》2

八、《猎枪的警示》

作者：张陶军；专业：光电信息科学与工程；指导教师：王鹤。

（一）辅导过程

该方案使用 MagicaVoxel 编辑器。该编辑器容易上手。方案采用了现成品的元素，辨识度高、变形小，对于猎枪选用了大尺度方案。辅导过程比较明确。提供的修改建议包括增加支柱、赋予作品实际的功能，因为如此大尺度的作品缺少实际功能，是一种资金和空间上的浪费。

（二）教师评语

（1）思政融合点。该方案简单地选用了动物盗猎当中长期使用的猎枪，警醒人们保护动物，点明保护自然的主题，对意义的表达简洁、直白、易懂，不容易产生理解上的歧义，主题比较突出。

（2）形式美感。该方案在形式上选用了猎枪这种现成品的造型，忠实于原有形态，长宽比、尺度得当。色彩使用钢铁原色，营造出冷峻的感觉，方法得当。

（3）环境与功能。作者对环境有自己的考虑，对环境进行了整体构建，这也是 MagicaVoxel 编辑器的优势。作者着重用周边的绿化与猎枪的色彩、尺度形成对比，实现环境与作品一体化的设计。此外，作品为广场提供了照明。枪身提供了展示珍稀动物艺术作品的空间，空间利用率比较高，符合公共艺术要有实际功能的要求。

（4）表现方法。MagicaVoxel 编辑器是一种非常易于上手的软件，与游戏结合比较紧密，便于营造有具体形态的三维艺术作品。没有软件建模基础的学生，可以广泛地去使用该软件，正确使用后能收到理想效果。

（5）图纸表达。图纸中要素比较齐全。构图规格比较统一，基本满足了排版的需求。今后，在丰富图纸类型、设计说明和空间安排等方面还有提升空间。（见图 5-26）

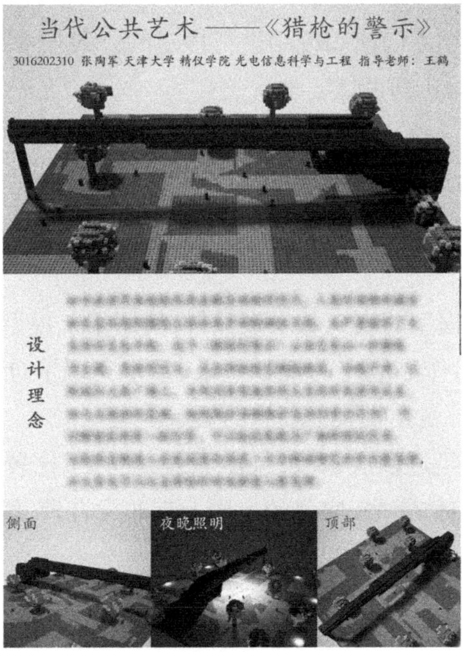

图 5-26 《猎枪的警示》

九、《捕食》

作者:罗胤铭;专业:财务管理;指导教师:王鹤。

(一)辅导过程

该方案思路陈述清晰,进步明显,过程文件保存完整。辅导过程具有显著示范意义。

生问:

王鹤老师您好!我是财务管理二班的学生罗胤铭,上了您的课后对作业有些想法,不知是否合适:用废品(泡沫、报纸等)搭建一个海洋生物模型,寓意着人类产生的海洋垃圾对海洋生物造成的重大危害;操作过程方面,打算先用锡箔纸等材料捏出雏形,再用铁丝优化结构,最后用废品在表面进行装饰。

师答:

小罗你好,首先我要肯定你的想法。其次,建议选取的废品是清洁安全的。最后,在往届学生中,此类作业没有出现过,建议你先做起来,我再发给你一些范例,我们可以随时进行沟通。

(二)教师评语

(1)思政融合点。动物摄入不可降解的垃圾会有生命危险。生态平衡被破坏是一个由来已久的问题,此方案利用模型直观地突出了此类问题,属于典型的警示型生态公共艺术,生态意义较为突出。

(2)形式美感。有一类专门使用废品进行搭建的公共艺术,在发挥警示作用的同时,能展现现成品的形式美感,达到设计要求。

(3)环境与功能。作品选址得当。选择的环境属于人流量大、有较大环境保护压力的地方。但如果能用图像处理软件在方案中置入特定环境并表现出与人的互动会更好。作者对功能没有过多的考虑,预计将作品当作垃圾桶使用,当然这在表现上还需要进一步深化和合理化。

(4)表现方法。铁丝模型的表现效果很独特,使用手工模型能够很容易、直观地用生活经验和逻辑思维表达出作品应有的视觉效果,基本实现了自己的设计初衷,如果能够适当地结合人物表现比例,就会收获更理想的效果。

(5)图纸表达。图纸经过多次修改,进步显著,拥有了比较理想的效果,具备典型的构图逻辑,在边缘对齐,字体、字号、底色的运用上都非常合理,值得借鉴。(见图5-27)

图 5-27 《捕食》

十、《浮冰》

作者：王佳童；专业：机械设计制造及其自动化；指导教师：王鹤。

（一）辅导过程

作者从一开始就选择了动物保护的主题，在手工模型表现方式上先后尝试过橡皮雕刻和木雕等方式，克服了重重困难，并将手绘草图改为表现力更强的软件草图，修改了部分数据，加入了尺度描述，达到理想的训练效果。方案在课堂上展示。（图 5-28）

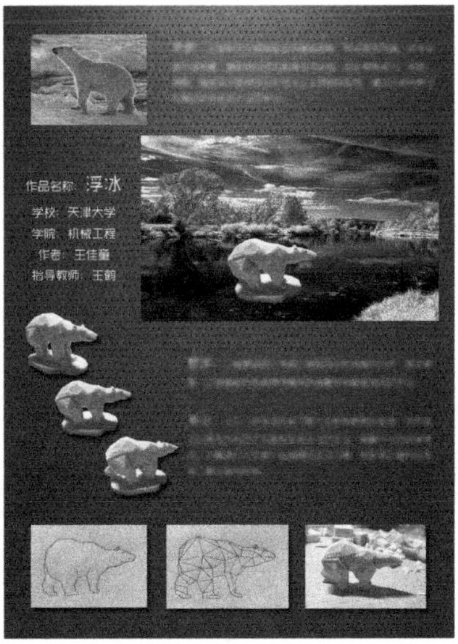

图 5-28 《浮冰》

（二）教师评语

（1）思政融合点。近年来，全球变暖对北极及其生态系统造成了巨大的影响。缺少浮冰使得北极熊的生存环境逐渐变得恶劣，已经引起全世界的注意。该方案生动地表现出北极熊的处境——浮冰越来越小，提醒大众增强环保意识，减少二氧化碳排放。思政融合意义比较突出。

（2）形式美感。该方案基本使用了类似于像素化的对现有动物形象进行拼接的方法，类似于劳伦斯在《I AM HERE》中使用的创作手法，这种方法降低了写实创作的难度。将动物形态抽象化，更容易贴近公众，也不容易因为尺度过大或过于逼真而引起公众的恐惧，效果理想。

（3）环境与功能。在方案中，作者没有提到环境，通过交流得知，作者计划将这件作品布置在海洋馆附近。如果能与景观的功能相结合，效果会更为理想。

（4）表现手法。这是该方案最独特之处。作者选用橡皮作为基本材料，结合动物解剖和肌肉构造，通过设计使用了三角形与四边形拼接的方式，利用橡皮进行雕刻，生动地表现出了自己的创作思路。

（5）图纸表达。该方案属于很典型的深底色、竖向排版构图，并没有严格遵循网格化设计原则。但是基本内容突出，模型拍摄光线充足、视角选取合理，嵌入效果图后使图纸富于形式美感。除了没有介绍环境，该方案基本能够很好地表现作者的设计初衷。

第六章　课程思政教学实训——智能设备反思主题

目前，以手机及其他智能终端为代表的现代智能设备已经成为当代人学习、生活、工作当中不可或缺的一部分。能否依托互联网快速获取信息，是我们是否能够在各方面取得成功的关键。再加上这些智能终端与物联网的联系，更不用说电子支付了，因此，21 世纪人类社会的构建离不开这些智能设备的终端，这是其积极的一面。智能设备固然好，但世事都有正反面，智能设备也有其消极的一面，如果沉迷智能设备，就会忽视现实生活，甚至走在马路上也依然看手机，造成安全隐患或发生各种事故，目前在各类新闻报道上，此类事件不绝于耳。此外，还有信息安全泄露等问题。因此，以智能设备反思公共艺术设计训练的教学设计是混合式教学的重要训练之一。

第一节　智能设备反思公共艺术设计训练的教学设计

智能设备反思的训练，基于公共艺术中的现成品设计，在这方面最具代表性的是美国艺术家奥登伯格创作的一系列以棒球棒、手套、保龄球、羽毛球为代表的现成品公共艺术。这些作品通过对寻常可见的工业现成品进行尺度上的放大，来产生一种神圣感和对现实的调侃。在这一过程中，为了取得形式上的美感，可以对现成品进行复制、放大、扭转、弯曲，甚至肌理上的框架化等多样化的处理手法。这些都是在课堂教学中着重讲授的，并有相应教学资源支撑。

一、设备等现成品公共艺术的经典案例

范例 1——巴塞尔《平衡的工具》

1）项目选址、项目背景与作者

1984 年，奥登伯格在欧洲的第一件作品《平衡的工具》（Balancing tools）在德国维特拉股份有限公司落成。（见图 6-1）

图 6-1 平衡的工具

2)作品形式与主题

这件作品论高度不及最早的现成品公共艺术《晾衣夹》,但是却以对三种不同现成品元素的成功组合而著称。钳子、榔头和螺丝刀的尺度为 8 m × 9 m × 6.1 m,三者按照门形构图被组织起来,产生了既稳固均衡又富于动感的独特视觉效果,如奥登伯格自己所言,达到了一种"崩溃边缘的平衡"(in an equilibrium on the verge of collapse)。组合后的形体克服了单一形体的单薄感,与初落成时的周边环境形成了良好契合。

为了服从整体构图需要,奥登伯格将《平衡的工具》中的钳子进行了倒置处理,避免了过于稳固的金字塔形构图,从而活跃了作品整体轮廓。艺术创作和设计中经常改变熟悉物体的垂直定向,却并不会产生令人不适的感觉,反而让人眼前一亮。现代格式塔心理学家阿恩海姆在《艺术与视知觉》"倒立的物体"一节中指出"当一个式样的轴线稳定和强大到不可能用另外的轴线去代替的情况下……倒转之后的图形,看上去不像是偏离了垂直的方向,而变成了一个本身有着稳定结构的全新图形。"基于奥登伯格奠定的法则,此后的现成品公共艺术设计若选择三种或三种以上的现成品进行组合,特别要求对其中"轴线稳定、独一无二"的,也就是具有较大长宽比的现成品进行倾斜、倒置,以获得更好的艺术效果。

3)项目社会反响

四年后弗兰克·盖里设计的博物馆落成,经过业主与两位大师的协商,《平衡的工具》迁移到新位置,并以盖里博物馆为背景,两者角度上的扭转与不可预知感形成了完美的搭配。当然,顺带说一句,维特拉股份有限公司热衷于艺术品收藏,甚至于将自己的厂区变成前卫艺术的试验场,几乎所有厂区建筑都由建筑艺术大师设计,比如泵房就是由已故建筑大师扎哈设计的。

4)设计要点

进入 20 世纪 80 年代至 90 年代,奥登伯格的创作逐渐使用更加多样和复杂的基本元素,如两种不同物体或三种不同物体之间的搭接和穿插,当然这也与几次委托都位于开阔空间有关系,但从历史的角度看,这还是现成品公共艺术演变中一个特征显著的阶段。

范例 2——奥登伯格《刀船》

1)项目选址、项目背景与作者

与博罗夫斯基的《捶打者》成型于 80 年代,成名于 90 年代相同。以现成品艺术著称的大师奥登伯格也从 20 世纪 80 年代起涉足能动公共艺术,并于 90 年代固定安装于公共开放空间,这就是著名的《刀船》(Knife Ship Ⅰ)。一般认为,这是奥登伯格唯一一件能动公共艺术,具有独特意义。

2)作品形式与主题

刀船(图 6-2)最早是为意大利海滨城市威尼斯完成的一件展品。也是奥登伯格与建筑师盖里合作的一个教学项目的成果,学生主要来自意大利米兰建筑学院。这一教学项目主要考查图像的转换,奥登伯格的夫人,也就是策展人库斯杰首先拟定了瑞士军刀作为此次展览的基本图像。在创作过程中,奥登伯格充分利用了军刀这种现成品的能动特性,使其侧轮廓丰富且富于稳定感,加以内部电机作用可以变化角度,酷似军刀在进行伸展运动。奥登伯格还充分利用了军刀的形体特征,在军刀柄两侧加上船桨,增加了喜剧效果。

图 6-2 刀船

3)项目社会反响

此作品落成后成为威尼斯海军造船厂的一个展览与表演项目,其刀身的展开与收起,以及船桨的滑动在当时令游客们惊叹不已。1997 年,《刀船Ⅰ》永久落户于意大利都灵。

4)设计要点

在作品的寓意上,奥登伯格强调了两层意义。第一层寓意与威尼斯的历史和地理有关,作为一个称霸地中海多年的强大城邦,威尼斯拥有发达的航海文化。因此,《刀船Ⅰ》首先是向威尼斯历史上最著名划桨船型“Bucintoro”致敬,在地域相对狭窄的地中海,这种划桨船帮助威尼斯赢得了一次又一次海战,特别是著名的雷班托之战。另一层寓意则与当代消费文化背景下大批量生产的旅游纪念品有关,瑞士军刀就是来到欧洲的旅行者最喜欢的纪念品之一。

二、智能设备反思主题公共艺术的训练要求

任务书

题目：智能设备反思的主题公共艺术

要求：熟练掌握现成品与二维公共艺术的各种设计方法，开展以智能设备使用思考为主题的公共艺术设计。尺度、材质不限，但需要合理。所处具体环境和承载功能目前本书还没有讲到，这里不作具体要求，但鼓励借鉴作业范例进行探索，至少应包括对环境的简单描述和乘坐休息等基本功能。

表现方式：软件、手绘、手工模型均可，后面有简要介绍。

图纸内容：效果图、灵感来源说明（含图、文）、设计说明尺寸标注、功能示意图、节点图（可选）、形式逻辑生成（可选）。

图纸数量：2号图（594 mm × 420 mm）或1号图（841 mm × 594 mm）1张。

评价标准：

（1）主题积极，正能量，有自己的思考。

（2）形式上有美感，正确使用课程学习设计方法。

（3）环境与功能应有基本介绍。

（4）表现方法不限，最终效果只是评判成绩的一个方面，更多关注设计方法是否正确，创意是否独特，工作量多少等。课程除基本表现方法介绍外不提供建模系统教程，同学们可利用网络上的资源自学，课程鼓励生生互助，帮助其他同学的工作量可酌情计入成绩。不建议同学们全利用SU表现，手工模型等新颖表现手段会有加分。

（5）图纸最后需要利用图像处理软件排版，模型建议注重摄影时的艺术感，小作业前没有排版教程，向大家提供标准参考版式，以降低难度。如果大家对排版有更多需求，可以提前发布排版训练视频。

思考：

在智能设备的反使用反思上，尽量不给同学们设置太多的思考局限，而是鼓励大家从媒体当中去寻找灵感，从自己的生活实际使用当中去寻找灵感，但是也提供了几个可能的选项供同学们参考，比如对沉迷手机的警示，比如对人身安全的危害，对日常生活中面对面沟通的阻断等。

在警示之外，还可以从积极的角度去介入手机的使用，来通过优美的形象起到劝导沉迷这样一种作用。

最后一点，就是要注意使用智能设备的时候可能会泄露个人隐私，尤其是当前手机已经逐渐和电子支付捆绑在一起。还有电磁波泄露对人们身体健康安全的隐患等。这些启发仅供展开思路进行思索，并不是对主题的限定。

第二节　专业组智能设备反思公共艺术设计训练详解

本节集中展示了近年来同学们以智能设备反思为主题的十份作业。在辅导过程以及教师评语方面与上一章动物保护主题格式保持一致。但由于社会经济发展较快，这一领域的面貌突飞猛进，同学们的探索已经超出任务书范畴，集中学习了近年来二维码、大数据等领域，展现了同学们对社会变化的敏锐与朝气。

一、《MINIATURE CITY》

作者：任英辉；专业：建筑学；指导教师：王鹤。

（一）辅导过程

该方案从一开始就立足二维码的概念，从二维码与动物保护的结合逐步简化到将二维码与智能设备反思结合在一起。辅导过程典型，即主题的简化和精炼，更容易实现作品的设计初衷。

生问：

老师您好，我是建筑学院 2017 级建筑学 3 班的任英辉。

对本次作业，我希望选择动物保护这一意象。首先是选地，目前暂时想选择在城市公园或者动物园这样公共性较强与人群类型较为丰富的地方。

而对于如何唤起人们动物保护的意识，我希望结合现代化技术——即智能手机与二维码这一元素：智能手机属于人，二维码属于场地，人在场地指定位置（目前想法是俯视这个作品），使用手机扫描我特意营造的二维码可以扫出有关自然与生态的内容（比如动物园对于动植物的宣传与保护视频）。

对于二维码，我目前的想法是通过二维图案在三维空间上拉起不同高度的形式，创造出“二维码丛林”，在之间以廊道或地面高差进行连接，并在其中结合绿色元素，如树木、花草，希望引来飞鸟虫蝶，使得游客在远远观望的同时也可以穿行其中，除满足人在其中坐立休憩、阅读等常见需求外，希望还可以让人在穿行中体验现代化城市空间中的“树屋鸟鸣”，唤起人们对自然与生态的尊重。

我在附件内创建了一个简单的空间概念图，（肯定不能仅仅是这样的形态，还需要根据尺度及空间趣味性，公共艺术作品的要求等方面做调整），这个手法主要是二维平面的推拉，（如果它不符合要求，我可以将它旋转立起来，使得它在概念图里的第五立面顶视图变成立面图，这样也许会更符合要求），这是我目前的想法，想请问老师，这个想法符合题目要求吗，可以继续做下去吗？谢谢老师！

师答：

英辉，你好，目前的设计图很清晰，与人的尺度关系也很合理，二维码的拉伸符合本课程的设计要求，加入生态和绿色的元素也非常好。目前看来，主题没有必要非要和保护动物结合在一起，直接作为现代生活与智能设备和移动互联相连接这样一个主题就可以了。不必再绕一个圈子，可以显得更为直白。建议在此基础上深化细节。

（二）教师评语

（1）思政融合点。在移动互联时代，二维码是一种常见的视觉元素，人们的接收和理解毫无难度，符合大众化的要求。本方案将二维码与城市相结合，反映出对城市未来的思考，思政融合点非常突出。

（2）形式美感。二维码自身就有高度模数化的视觉特点，立体化后构成美感进一步增强，结合场地肌理选用特殊色彩的玻璃砖实现朦胧的光影效果，与城市的既有面貌改造结合在一起，形式美感突出。

（3）环境与功能。环境上考虑了周边建筑的尺度、色彩与群众功能的需求。与环境契合较为理想，顺应场地肌理。功能上能够满足乘坐休憩等社会场所大部分所需功能。在功能的拓展性上融入孩子玩耍的功能，有的同学担心的安全性问题其实换做部分临时性材料就可以解决，即使用者无法攀爬。

（4）表现方法。采用典型的计算机软件生成模型后渲染，美感突出，基地调研合理，具有较大的借鉴参考价值。不足之处在于，可以进一步结合临时性开展全寿命期设计，可以使用临时性回收材料，如收纳盒等设计部分结构，实现材料的可回收与场地的可再利用，从而与城市的动态发展能够更好地结合在一起。

（5）图纸表达。采用典型的竖向排版方式。内容完整、立面图规整。功能示意图直观，设计说明有深化空间。（见图6-3）

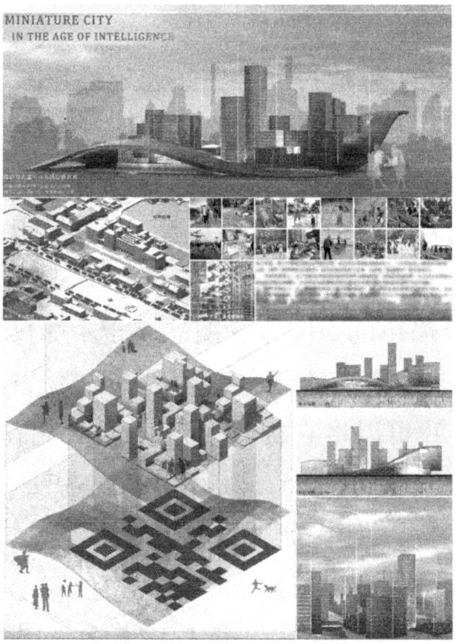

图6-3 MINIATURE CITY

二、《智能时代的思考》

作者：孙锦文；专业：环境设计；指导教师：王鹤。

（一）辅导过程

该方案为小作业，创作于课程刚开始之际，学生能够充分发挥课程所学，利用二维剪影公共艺术形式开展设计，大胆将潮汐等自然因素引入方案，为课程训练起到了极大的推动作用。

（二）教师评语

（1）思政融合点。作者从对智能设备的反思入手，通过VR眼镜和相对杂乱的手机轮廓的方式触发人们的思考，警醒人们对智能设备使用的关注和对思考的匮乏等，充分达到弘扬正能量和引发反思这样的要求。

（2）形式美感。作品在形式上有美感，并且正确使用了课程的二维设计方法。观众可以从图中看到手机轮廓的确略显杂乱，但如果阅读设计说明后，就会发现这种杂乱感实际上是有意营造的。当然在具体的设计中不一定完全去使用这一方法。基本保证图案的构成美感就达到训练效果。

（3）环境与功能。在环境上可以看到，这是一个非常典型的滨水环境，课程有专门章节集中讲解八种公共艺术可能会涉及的环境，以及每种环境所要注意的特点，以提升学生的设计深度。功能在这里并不强求。

（4）表现方法。表现上充分达到理想效果，建筑学院和各个学院的同学都可以借鉴这一渲染效果图来完善自己的方案。如果要提改进意见，就是作品尺度相对较大。作品离海岸边，也就是人们所观看的距离比较远，这样一来反而增加了作品的尺度，提高了作品的成本。增大了安装在海底或说固定在海底的难度。实际上如果作品离海边更近一点，用二维负形的方法同样能够达到设计要求，而且成本、施工周期等各方面都有所节省，这也是本课程要求的精髓。

（5）图纸表达。典型的竖排版构图，效果图醒目，内容细节完整，有较大借鉴价值。（见图6-4）

图 6-4　智能时代的思考

三、《Phone book》

作者:蒋孟凌;专业:建筑学;指导教师:王鹤。

(一)辅导过程

该学生的设计思路很清晰,从一开始就确定了明确的设计路径,并在过程中采纳教师意见并不断完善。是一个典型的辅导全流程。

生问:

王老师好,我是 19 级建筑学院的学生蒋孟凌。想向您请教一下关于设计与人文课程作业的问题。

我选择的题目是智能设备使用思考。初步构思如下。智能设备是一把双刃剑。在如今的社会环境下中,大多数人意识到手机等智能设备的弊端——很多人形成了沉迷于手机等电子设备的不良习惯。但是,通过这次疫情我们都深深体会到,手机、网络在特殊时期为师生架起知识的桥梁,为教与学提供了可能。这也让我思考:我们意识到智能设备的弊端,在避免这些不良影响的同时,我们是否更应该思考正确使用智能设备为我们生活学习和成长带来的便捷,并有更多好的方面为我们所用?于是我想通过我的作品引导大家辩证思考智能设备的两面性,正确使用智能设备,探索和激发它的无限可能。

师答:

你的思路非常好,我们这次也是特别强调不一定都是对智能设备的批判,而应该强调它的两面性。方案本身的图书元素和其他代表智能设备相结合的元素进行有效衔接,两者的结合也没有什么问题。现在的主要问题就是尺度和功能,如果作品能够提供这样的功能,人能够穿越这件作品,尺度似乎太大了,占地面积大,成本也高。也许不一定需要那么大。我觉得书本的末端一部分可以当作休息区，甚至愿意游乐的同学可以当滑梯，这样可以保证其尺度在一个比较合理的范围。成本和占地都好控制，也更容易和大学校园的环境相衔接。

（二）教师评语

（1）思政融合点。日常生活中，书籍与智能设备是相辅相成的关系。同样作为知识的载体，两者在人们的接受方式上有鲜明对比，并且由此在文化上产生一定的引申和联想。方案就此开展思索，凸显其利弊。表达了事物两面性，而不是自己妄下判断，引发观众的思考，主题意义比较突出。

（2）形式美感。基本符合书籍和其他工业品的现成品形式，表现出比较传统的形式美感，放在校园里不显突兀，能够为大多数师生所接受和采纳。美中不足的是，游戏机、灯泡等元素与书籍的结合略显生硬，还有待流畅与自然地展现其主题。

（3）环境与功能。比较合理。主题和形式美感都符合校园环境，相当有文化属性。在功能上，末端可以当作休息区供人们乘坐，还考虑了可以作为滑梯等特殊的游戏功能，比较合理，但是还需要注意乘坐与滑梯游戏功能相互之间是否有冲突和矛盾。

（4）表现方法。使用 SU 软件建模和比较传统的计算制图手段。很好地达到了自己的设计初衷。

（5）图纸表达。是典型的竖向排版表现手法。在字体、字号的运用，效果图摆布的位置上都比较合理，工作量充实，完成了昼间和夜间不同效果的对比处理，细节完整。在排版上可以更有特色。两幅图的布局可以稍微有调整，以突出先后和主次顺序。（见图 6-5）

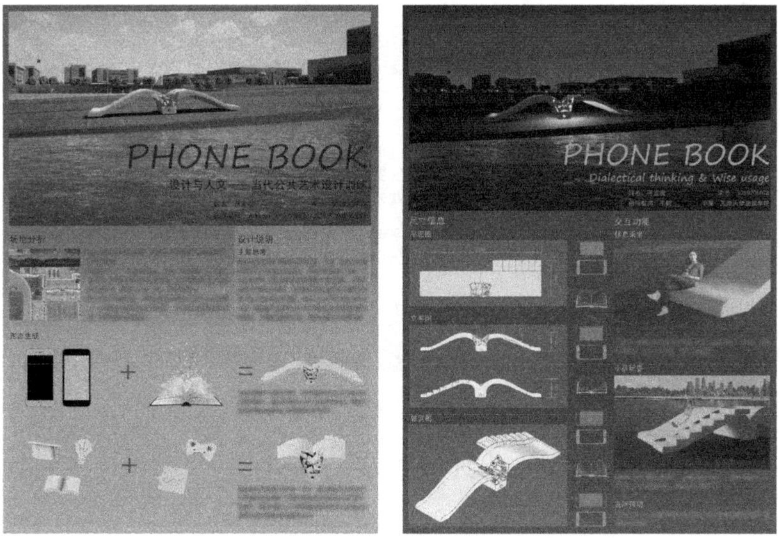

图 6-5　Phone book

四、《幻彩》

作者：周心怡；专业：建筑学；指导教师：王鹤。

（一）辅导过程

该方案遵循关于智能设备反思主题的诸多设计原则和设计方法，按照课程所要求介绍的现成品、二维等方式以及与环境结合的原则，深入开展设计，师生就具体表现效果、表现要素等进行了多次探讨，形成现在的理想效果。

（二）教师评语

（1）思政融合点。该方案思政融合意义鲜明，直指智能设备过度使用所带来的反思问题。将形式美感营造与思政合二为一，而非单纯的警示意义，具有提升环境品质的功能，这在一定程度上实现了美术学、设计学、建筑学的跨学科实践与思考，并进一步升华了主题。

（2）形式美感。依然使用传统的手机造型。进行虚空处理。巧妙安排交通流线。各式手机与智能设备色彩斑斓，形式美感较为显著。

（3）环境与功能。在环境契合度上，作品精心的流线设计和智能设备本身的透空处理，实现了与环境较高的契合度。对于开放性主题，也对所布置环境的人文内涵没有明显的要求。功能是该方案目前考虑较少的。可以适当添加 WiFi 接入、乘坐休息等新颖或传统的公共艺术功能。

（4）表现方法。方案充分发挥软件建模的优势，效果图尺幅大，渲染效果突出。

（5）图纸表达。两幅横排版，浅底色，总体效果比较理想，注重整体观感，注重色彩搭配对比。细节方面则还有进一步完善的空间。（见图 6-6、6-7）

图 6-6　幻彩 1

图 6-7　幻彩 2

五、《控制与被控制》

作者：韩工布；专业：建筑学；指导教师：王鹤。

（一）辅导过程

该方案选址位于襄阳市人民广场次入口，针对该地交通流量较大的现状，运用现成品复制的方法，突出作品主题，卷起的电线跨越交通流线，鼠标的尺度适合人乘坐休息，充分达到设计目的。

（二）教师评语

（1）思政融合点。以现代社会最为普遍使用的工作与娱乐工具——与人体相关联的鼠标和耳机为元素，批评了电子工具凌驾于人之上，控制人类生活的社会现象。主题清晰且有较强的现实意义，但批评的对象没有区分积极和消极因素，稍显偏激，还应进一步遵循客观立场。

（2）形式美感。由该方案可见，现成品复制的设计方法只要运用得当，形式美感一般都比较理想。

（3）环境与功能。以合理的形式、结构跨越交通流线，毫无牵强之感。但相对于广场的面积，此类公共艺术作品以成组布置最为理想。鼠标提供的乘坐功能合理，但座面倾斜，舒适度稍显不足，且满足需求的人数较少，可以考虑成组布置或与普通艺术化座椅设施搭配使用。

（4）表现方法。充分发挥软件建模优势，不足之处在于效果图将 SU 模型渲染与实景照片的结合略显凌乱，不能突出主体，影响整体效果。

（5）图纸表达。图纸工作量较充足，图纸类型较为丰富，排版位置合理，色彩运用较

为理想。信息标注完整。(见图 6-8)

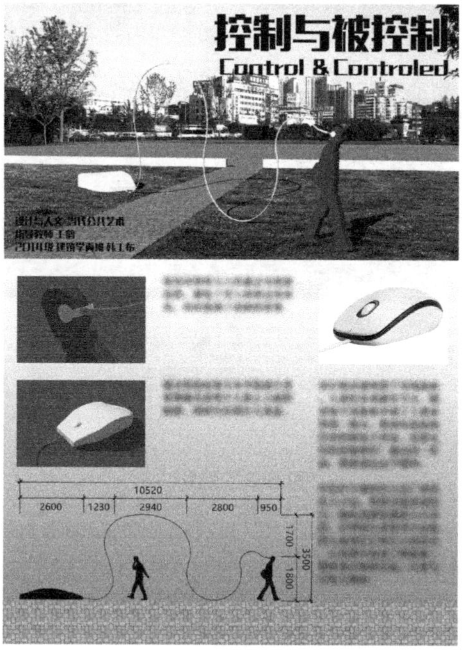

图 6-8　控制与被控制

六、《孤单的手机》

作者：黎薇；专业：建筑学；指导教师：王鹤。

（一）辅导过程

该方案紧密遵循课程关于智能设备反思章节中现成品与二维手段综合运用的形式方法。强调对社会问题的调研反思，并提出解决方案，经师生多次沟通，就形式与环境的关系取得了较为理想的效果。

（二）教师评语

（1）思政融合点。在主题意义上就智能设备依赖反思而言，更为沉重，警示意义也更为突出。但是，仅仅提出问题本身，相比于既提出问题又能在一定程度上提出解决之道的方案，在深度上无疑略逊一筹。

（2）形式美感。在形式上，作者使用了寻常可见的手机的尺度放大功能。这是现成品设计中普遍的说法，带有纪念感。同时将大量人物以二维剪影的形式呈现，进一步丰富了整体效果，统摄面积更广，与整个广场的设计结合起来。

（3）环境与功能。广场是以硬铺装为主的空间，交通流线比较多样化。作品在尺度上与广场面积比较，适合大量人物剪影，公共艺术作品显然应进一步远离交通路线，避免危险。可以与景观亭结合为例，为人们提供乘坐座椅等功能，也可以适当化解沉重主题带来的压迫感。

（4）表现方法。表现方法上使用了图像处理以及手工模型综合运用的方法，实现各取所长。

（5）图纸表达。图纸表达分为两张，总体上为深底色和典型的网格化排布，要素较为完整。但字号过大，以 A2 或 A3 格式更为适合。部分设计说明建议更为理性化，减少主观情绪化的语言表达。（见图 6-9、6-10）

图 6-9　孤单的手机 1

图 6-10　孤单的手机 2

七、《手机基因》

作者：马琪芮；专业：建筑学；指导教师：王鹤。

（一）辅导过程

马琪芮同学的辅导过程比较独特。经历了方案上的多次变化。最初的方案包括颜料袋、鱼型等。后来选择了手机外壳与 DNA 相结合的造型。视觉特征醒目，思政融合点突出。最后的排版效果非常理想。

（二）教师评语

（1）思政融合点。该方案的思政融合点显著易懂，包括了对于手机和熟悉的 DNA 螺旋相结合的结构，反映了电子产品对于现代生活的融入等基本要素，作者还加入了对一位天才艺术家的怀念，有自己独特的风格。

（2）形式美感。形体扭曲度合理，符合黄金分割。视觉效果突出，虚实得当，达到了较高的形式美感水平。可以作为作业范例供同学们学习。

（3）环境与功能。功能构思完整是该方案最突出的特色之一，特别是构思了座椅区、攀爬区和滑梯区，提供了成年人和儿童休息乘坐的功能，人体尺度合理。安全性得当。对材料的特性也做了周密的考虑，可作为范例学习。

（4）表现方法。使用 RHINO 构建模型，充分发挥软件善于表达曲面与复杂形体的优势，结合后期图像处理，达到较为理想的效果。

（5）图纸表达。排版选用大幅效果图的横排版。视觉效果强烈，醒目突出。细节内容集中于版面右侧。这种排版的特点是图幅较大。在安排上适合于主效果图比较醒目突出的作品。（见图 6-11、6-12）

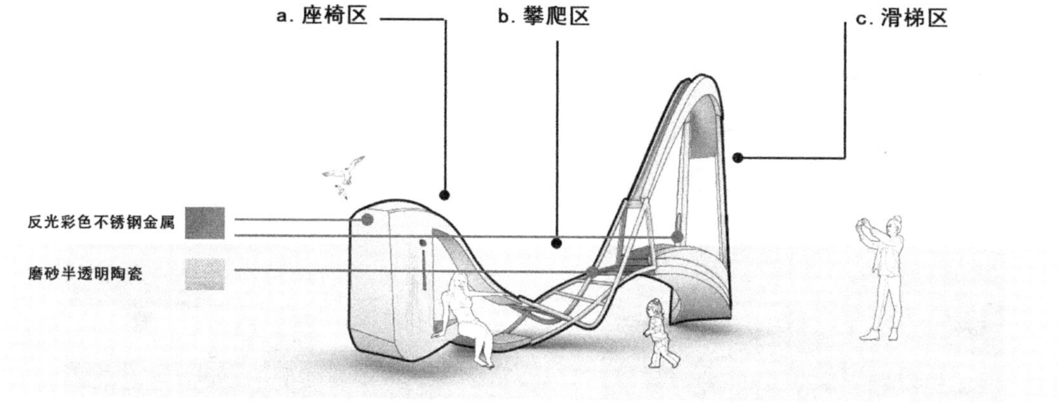

图 6-11　手机基因初稿

图 6-12　手机基因完稿

八、《屏锁》

作者：马铭泽；专业：建筑学；指导教师：王鹤。

（一）辅导过程

该方案沟通主要通过课堂面对面方式进行。马同学展示草图初始思路，指导教师给出意见。经双方沟通，基本实现作者设计主张，在细节上还有诸多可以完善之处。

（二）教师评语

（1）思政融合点。该方案在思政融入上立足于对智能设备过度依赖的思考。但出发点较为巧妙，也更为跟得上时代的进步。用现代手机普遍运用的指纹锁代替屏风的功能，寓意人与人之间交流的阻隔，对主题进行了一定的抽象化尝试。相对前面部分范例而言，更为含蓄地表达了自身的主题。

（2）形式美感。形式上立足现成品设计方法的抽象化，即简单物品的集中使用原则。形式虽然简单，但运用了正确的设计法则，以达到更为醒目、突出的视觉效果。其本身的通透不阻碍视线。

（3）环境与功能。作者在选址上立足校园，即一个用户群相对单一的空间，在很大程度上降低了调研和布置的难度。但建议设计者今后对更多空间类型进行调研，在功能上能够提供乘坐的功能，同时座椅还起到基座的作用，能够稳定、固定住作品本身。

（4）表现方法。表现方法上使用高年级典型的建模与渲染手法，视觉效果醒目突出。

（5）图纸表达。图纸表达为典型的横排版、浅底色，效果图突出。这类构图的优点是细节丰富，表现清晰，但无疑压缩了其他内容的空间，相对来说有利有弊，但能够对应部分竞赛排版和方案提交的具体要求。（见图 6-13）

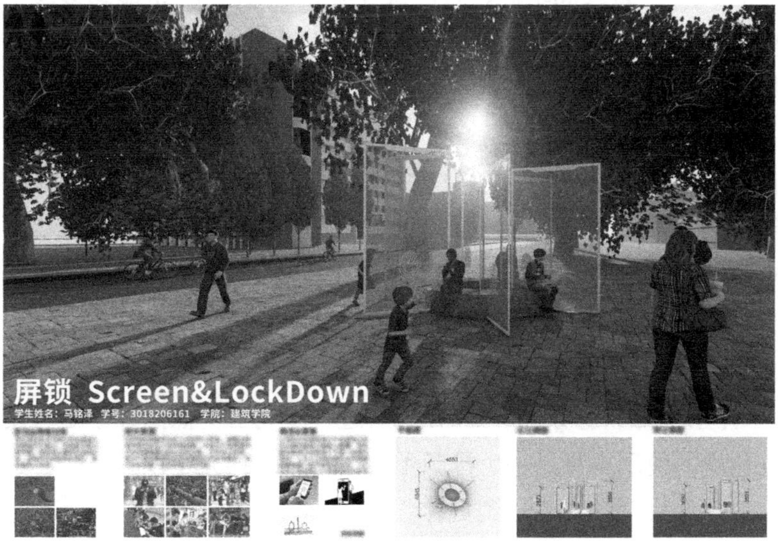

图 6-13　屏锁

九、《手机外的人》

作者:周心怡;专业:建筑学;指导教师:王鹤。

(一)辅导过程

该方案辅导过程完整且周期长,修改比例大,沟通过程高效,从草图到模型,体现出典型的进步流程,也是勤奋态度和正确方法结合的结果,非常具有示范意义。

生问:

老师好!我按照上次的设想做了 SU 模型,在建模的过程中产生了新的想法,在手机的框架中加入了“手机里的人”和“手机外的人”。我认为这样传达出的主题会更直观一些,并且我个人比较喜欢颜色上产生鲜明的对比。目前模型做得比较粗糙,作品缺乏辨识度,之后我还会继续完善模型,请老师给予指导。

师答:

你的形式比较理想,工作量也比较充实,但是,从目前的人体尺度和环境行为心理学的角度来看,内部的空间有些狭窄,人与作品之间的距离过近,无法达到一个理想的观赏效果。如果你联想一下去博物馆观展的感受,就会发现人能够后退,并把作品全部纳入视野当中,需要一定的距离,建议把整体扩大一些。

(二)教师评语

(1)思政融合点。该方案思政融合点非常典型,通过手机里与手机外,利用手机的模型加以展示,特别是与环境的紧密结合,进一步提升了该方案的思政育人意义,体现出建筑学同学的专业特色,即作品本身是要与环境一体观察和设计的。

(2)形式美感。该方案的形式美感较为突出,如作者自己所说此作品借鉴了马克斯·比尔的著名作品《亭》。希望同学们在自己设计方案的过程中,也能够多参照课程视频及课外资料中所提供的大师方案。无论是从视觉美感、人体工程学等方面均可采用,是快速提高学习效率的办法。

(3)环境与功能。方案借鉴的马克斯·比尔的原型作品本身就是与环境一体化设计的公共艺术作品,因此作品与环境契合度非常高。同时提供了充分的乘坐休息的功能,课程后与环境结合的视频当中,还会以这件作品为例展开。

(4)表现方法。使用 SU 建模配合渲染,方法典型。在这个过程中体现出较快的进步速度,值得学习。

(5)图纸表达。基本达到表达设计主张的要求,同时有较大的提升空间,如底色的处理,小标题的字体字号与颜色等,都可以在今后进一步完善。焦点在于是否使用装饰性的色块。装饰性色块的使用本身是一个排版不够丰富时的补充手段,不建议大量使用,应该更多利用图和文字的尺度对比来达到目标。(见图 6-14)

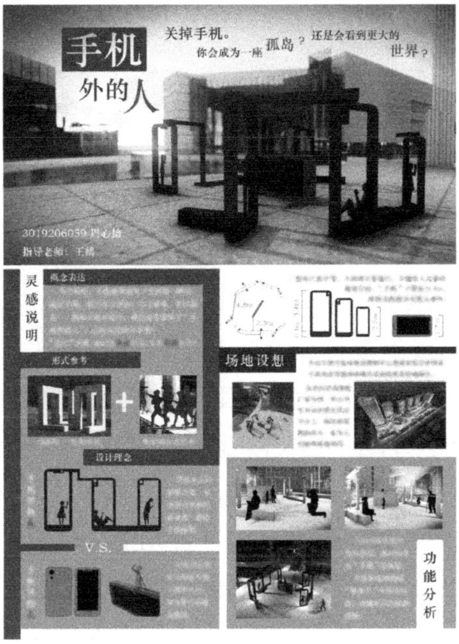

图 6-14　手机外的人

十、《信息故障》

作者：殷夕涵；专业：环境设计；指导教师：王鹤。

（一）辅导过程

作者最开始在确定主题的时候纠结如何表达信息传播时利弊的辩证关系。起初选择了电子设备和书籍进行功能上的对比。在与指导教师讨论后发现这一设想局限性大，在现实中功能性缺失，于是转变方向，想探讨更加抽象和大尺度的设计。

下面为作者设计思路的展现过程。

我偶然间对电视上的花屏产生想法，于是结合“故障艺术”进行深入探讨。

故障艺术（Glitch Art），即利用事物形成的故障，进行艺术加工，使这种故障缺陷反而成为一种艺术品，具有特殊的美感。

我认为这一想法很符合电子设备的辩证存在，它有缺失之处又具备让人上瘾的特质，是一种特殊的美感。于是我在网络和生活中查阅大量图片后进行了对花屏图案的抽象提取，并进行尺度上的放大。期间在色彩和形状上有过取舍。

对于尺度较大的需要与环境融合的设施，彩色很难把握，尤其花屏图案需要很跳跃、对比很强烈的色块进行组合，于是还是选择了黑白对比。

一开始想用方块的堆叠体现体块和空间，但画出草稿后感觉设计有些生硬，便将立面效果改成了圆形。

最终，本次主题包含两个层次对电子产品存在的思考。

第一层次是电子产品所包含的海量信息，这里用正形概括，人们可以通过攀爬到达一定高度。

第二层次是负形部分，从人的视角望去，可以看到不同角度的风景，实现与自然的互动。同时也比喻了电子产品在人的生活中始终无法包含和替代的部分。同时也是希望在人们与此设计的交互中，能放下手中的手机，多用双眼感受风景。

（二）教师评语

（1）思政融合点。选用电子设备调试屏幕中间的一个特有画面进行处理，即电视检测信号，主要是用来检测阴极射线管（CRT）是否调整到最佳位置而设计的，这是一个为大家所熟悉，但是现在关注度较小的形象。因为在数字电视的时代，这一形象基本上已经没有出现的必要。但是也成为许多同学所熟悉的符号，甚至有诙谐幽默的特点，因此思政融合点还比较突出。

（2）形式美感。其本身符合圆形构图，内部各元素符合构成美感。

（3）环境与功能。在这方面该方案还有很多的提升空间。如有的同学指出作品的结构之间如何连接，如何保证其完工后的安全性，人们如何攀爬上去，它与环境的关系是怎样的？除了乘坐和学习外，还能够提供其他的功能吗？这其中有一部分是由于选择了手绘方式所决定的，但也需要在今后进行进一步的深入思考。

（4）表现手法。采用的手绘方式很有特点。希望殷同学可以调整一下思路，不是因为建模水平有限才采用手绘方式表示，手绘本身是一种能够全面快速展现自己设计主张且具有较鲜明个人特色的表现方法，是我们课程高度鼓励的。因此，选用手绘方法是该方案加分和展示的一个重要的因素。希望有能力、有兴趣的同学积极参照，争取在今后都能采用或尝试手绘的方式加以表现，也可作为辅助表现手段。

（5）图纸表达。手绘方案在排版上的要求与计算机制图不完全一致，能够达到目前的效果，基本比较理想。在后期可以进一步提高图纸的丰富程度。字号字体需进一步合理修改。如何使构图进一步丰富细化，以达到更理想的效果。（见图6-15）

图 6-15 信息故障

第三节 通识组智能设备反思公共艺术设计训练详解

一、《机如玉》

作者：郝辰悦；专业：中文；指导教师：王鹤。

（一）辅导过程

作者介绍作品思路：色彩上，眼镜和手机都采用欢快的粉色，都是一样的颜色，比起看起来枯燥乏味的书本，欢快似乎都可以从手机里流出，最终汇聚到近视眼镜上。追求知识的道路固然要忍耐寂寞，不断学习，一时的欢乐固然让人开心，实际却失去了很多东西。如何劳逸结合，是我们应当思索的问题。

改进：书本上的内容，眼镜与书本的空间似乎还可以加入更多内容，但由于时间不太够就没有进一步完善，有些地方还是有些粗糙，应该画出更多的细节。

收获：因为感觉建模有些难度，而且设备性能有限，所以我还是选择了手绘，虽有想法做起来也不是很容易，因此最后一天才上交。其他收获就是：画画一定不要着急合并图层！

（二）教师评语

（1）思政融合点。这一方案的主题与当代大学生的现实生活紧密相关，从电子设备的反思到同学们上课期间的有趣故事，以及对视力的保护等，内容生动活泼，有现实意义。

（2）形式美感。基本正确使用现成品的设计方法，运用书本、智能手机以及眼镜等常见的工业品作为主要的设计元素。角度倾斜合理，相互搭配得当。视觉美感比较突出。

（3）环境与功能。布置在图书馆或教学楼前，环境契合度高，对校园文化也是一种幽默的调和剂。功能以乘坐为主，可以适当开拓照明、信息传达等多样化的新颖功能，以满足大学生需求。

（4）表现方法。作为一名文学院的同学能够用手绘的形式表达出自己完整的设计思路，达到较为理想的效果，非常有启迪意义。也展现了创意思维、勤奋是我们课程学习最重要的收获。

（5）图纸表达。使用横向构图。生动活泼，底色与作品颜色比较统一。采用了较为独特的步骤解释方法。字体、字号使用合理。虽然并不典型，但别有一种生动美感。（见图 6-16）

图 6-16　机如玉

二、《共生》

作者：楼云吟；专业：工业设计；指导教师：王鹤。

（一）辅导过程

作者介绍自己思路：最初给老师发送的初稿是一个很简单的想法，听了课程后面的章节，觉得这个想法比较单薄，内涵也过于抽象，其实可以有更丰富的设计方法来表达主题，所以想从头做起，才有了现在的设计效果。

设计过程首先是展示图中的手绘稿，大致设想了可能用到的元素和展现方式，然后用犀牛建模软件直接建模调试效果，最终用软件 KeyShot 渲染，PS 加入人物剪影。

（二）教师评语

（1）思政融合点。该方案高度关注智能手机对现代人健康所产生的影响，主题较为深入。但除警示功能以外，还提出寻求人们正常生活与智能手机使用平衡点最积极的主题，育人效果较为显著。

（2）形式美感。形式上广泛使用二维旅行成品设计手法集中采取无线网信号、聊天气泡等以往非实体的形象进行转换接触，如作品中呈现的平面世界中的 2.5D 风格，形成了较好的层次与高差对比。色彩对比上理性且富于设计感。

（3）环境与功能：环境和功能方面，适用于步行街、商业街、广场、公园等多样化的样式和区域。是否能适应这么多区域，作品的形态应该还需要了解和调整。考虑到尺寸与可行的材料和工艺、观赏与较为基础的交互功能，并且引入思考。对功能归纳较为充分。

（4）表现方法：表现方法上使用典型的软件建模手法，风格带有典型工业设计风格。符合课程立足学习者自身专业技能的定位，并附以手绘图，进一步丰富要素，有助于读者理解。

（5）图纸表达：图纸使用浅底色，总体风格较为清秀淡雅，内容充实，要素完整。字体、字号使用较为合理。属于使用要素较少，但很好地达到图纸表达、信息传达序列的案例之一。（见图 6-17）

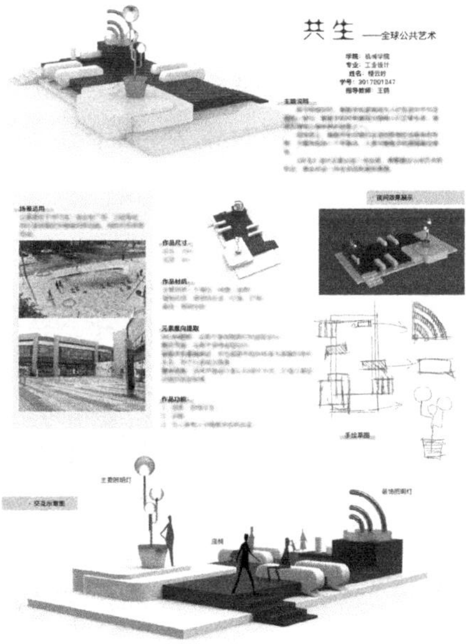

图 6-17　共生

三、《放不下的手机》

作者：李士宇；专业：工业设计；指导教师：王鹤。

（一）辅导过程

作者一开始希望用希腊神话中美杜莎的故事来警醒人们依赖智能设备产生的弊端。

师答：

思路本身是可以的，不过美杜莎这一形象，国人不太了解。如果做成这一形象，这些头发会不会比较容易折断而显得不好维护，还有最后的表现手段，我发了一些关于智能设备反思和手绘的范例。我们也可以在课前再沟通。

（二）教师评语

（1）思政融合点。该方案直接以智能设备使用的反思作为主要出发点。结合自身专业从人偶、模型与手机的结合入手，扬长避短，改变以往只以手机为主题，忽略了手机使用者作为表现对象这样一种情况。作者选用三种具有代表性的形象，对生活观察深入。对于智能设备过度使用的反思意义更为突出和醒目。

（2）形式美感。方案使用了手机和工业用人偶两种现成品。经过一次工业设计形式，美感可以保证。增加数量，并且用不同色彩进行划分，也是现成品设计的经典手法。

（3）环境与功能。作品从工业设计的灵感出发，对周边环境进行了相对简化的处理。实际上，人们如果想近距离观看，还是需要考虑硬铺装和相应的步道，以减少对草坪的践踏。分散布置后，人偶身体的下部可以处理为埋入草坪，会更加合理和优美。方案本身对于功能考虑较少，可设计成让参观者进入人偶内部，使主观者从人偶眼睛的角度进行观察，做法比较少见、新颖，可以作为一个加分项。

（4）图纸表达。方案排版整体简洁明快。但是底色使用的是较为少见的色彩，并不一定适用。同时排版相对稀疏，信息量相对较少，细节还有进一步完善的空间。（见图6-18、6-19）

图 6-18 放不下的手机 1

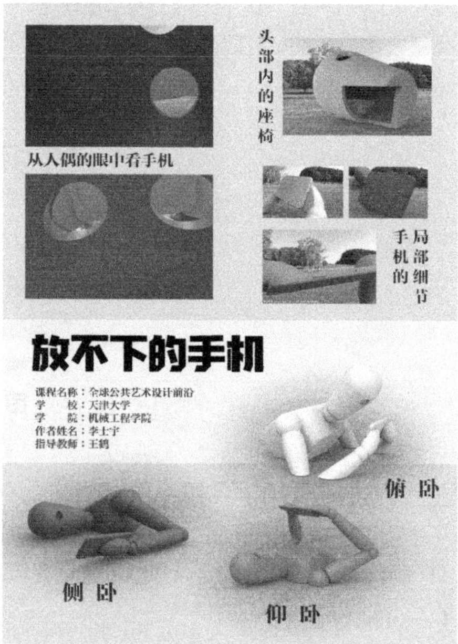

图 6-19 放不下的手机 2

四、《鸵鸟 遗忘的时间》

作者：太拜苏姆；专业：工业设计；指导教师：王鹤。

教师评语

（1）思政融入点。方案主题围绕智能设备反思展开，两件作品作为一个序列梯次布置，从不同的角度对同一个主题进行阐释。针对年轻人的警示效果鲜明，思政融入意义突出。

（2）形式美感。方案选用了独特的人物与手机边框结合的形式，色彩对比鲜明。特别是融入了声光电互动装置。思路新颖，能够很好地反映作品所需要表达的主题——遗忘的时间。

（3）环境与功能。从环境契合度上说，两件作品对于环境都有较高的依赖，第一件作品依赖于周边特定的环境，是作品与人发生的声光电互动，第二件作品依赖于特殊的周边形态作品。从环境便利度上说，第二件作品中。人体工程学尺度更为合理，人们可以乘坐和休息。

（4）图纸表达。方案是从两个角度阐释同一主题，使用了相同的排版方式，效果图醒目突出，信息传达逻辑清晰。但细节有较大进一步完善的空间。（见图 6-20、6-21）

图 6-20　鸵鸟 遗忘的时间 1

图6-21 鸵鸟 遗忘的时间2

五、《数据之眼》

作者:王晨;专业:机械设计;指导教师:王鹤。

(一)辅导过程

该方案由于作者本身表现能力不够突出,因此最后的效果没有完全达到预想。但是经过多轮修改,已经比较充分表达出了作者自己对于这一独特问题的关注。大部分互动是线下进行的。

(二)教师评语

(1)思政融合点。我们课程的主题要求积极正能量。作者通过手机当中暗含着眼镜的形式,突出了关于当代数据保密和数据隐私泄露这一比较敏感的问题,有自己的思考,并且通过自己的关注能够达到促进社会进步这样一个主题。

(2)形式美感。在形式上基本能够正确地使用二维的方法,充分达到设计要求。当然有些同学会说是曼德拉纪念碑的方法,这一方法在全球公共艺术设计前沿二维的部分有所介绍,大家可以参照。

(3)环境与功能。在功能和环境上目前还稍微简单,如果能够适当丰富一下环境,或者至少介绍一下是在什么地方对于自己主题环境有所归属应该会更好。改进建议:可以适当地完善所在的环境的表现。

(4)表现方法。作为一名平时没有接触过艺术设计的同学,他使用SU进行建模,虽然看上去比较简单,但是基本要素完全具备。通过参照人去表现尺度。可以适当用SU以外的其他表现形式丰富画面的效果。

(5)图纸表达。虽然模型简单,但是通过合理的排版和比较合适的信息传达弥补了这一不足,充分达到课程要求。使用楷体表达设计说明不是十分理想,可以把设计说明分成更多的环节与具体的图来搭配,使其更理性,更具有说明的意味。(见图6-22)

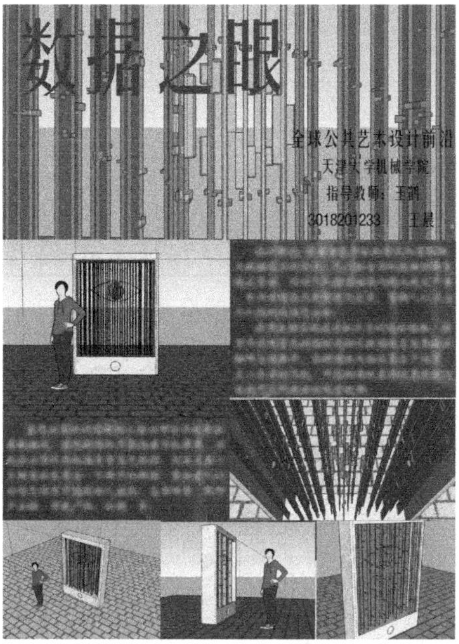

图 6-22　数据之眼

六、《戴上眼镜的“智能”》

作者：王雯显；专业：自动化；指导教师：王鹤。

（一）辅导过程

王雯显同学的辅导过程非常具有示范意义。作为一名自动化专业的同学，在没有艺术基础的情况下，他通过积极沟通，勤奋自学，反复修改方案，最终达到了非常理想的效果，也体现出我们课程从设立之处的目标。

生问：

老师您好，我是自动化专业的大二学生，在完成小作业的过程中遇到了一些问题，特向您请教。

我的作业构思过程包含几张图片，所以以 Word 文件的形式添加在附件中。

问题主要有以下几点：①构成元素的问题。为了表达主题，我在作品中加入了剪刀这一元素，但是完成后感觉会显得有一些烦冗，除了这种方法以外，我还想过对眼镜进行折弯处理，这样是不是可以避免过于呆板，会不会更好呢？②关于视力表的问题。我目前想到了两种方式：一种是以在文档中贴视力表的形式，但这种方式在位置选取上遇到了一些问题，因为字母都不是对称的，并没有太好的位置摆放；另一种是将视力表全覆盖在字母上半部没有颜色的地方，但是这种方法就会减弱其实际功能。有没有其他更好的方法呢？

以上就是我现阶段的一些问题，希望能够得到老师的指导。

师答：

小王，你的作品非常好，你对软件的自学能力也有所提升。剪刀确实有一些多余，你提的问题都很现实。我提一个建议：实际上可以采用现成品创作当中的分散布置方法，把作品贴合在一座建筑的外墙上，这样眼镜腿等其他部分就不会占用太多的空间，只留在外边 smart 和眼镜框和一部分眼镜腿。视力表可以通过眼镜投射出来的激光打在对面的建筑上，这样增加了一些声光电的效果，提高了作品的可维护性，也更符合现在的社会环境，通过太阳能和其他方式来提供能源，作品就会更有趣。

（二）教师评语

（1）思政融合点。从保护视力的角度去入手，思考智能设备对于人类和当代社会的意义比较新颖，主题突出且有现实意义。

（2）形式美感。充分发挥二维公共艺术利用字母厚度拉伸来表达视觉美感的正确设计方法。字体大小得当，色彩搭配合理丰富，达到了非常理想的效果

（3）环境与功能。目前考虑的投影视频展示和照明等功能还可以进一步发挥拓展。甚至可以提升一定的技术含量。与环境结合非常紧密，采纳辅导意见将作品与建筑相结合，减少了占地空间，提高了空间利用效率，提升了安全性。字母的尺度安排上可供人们合理穿越，与环境更好地融合。

（4）表现方法。作者自学犀牛软件。学习态度勤奋，达到可以成功表达自身设计意图的水平即可。这一次自学过程与学习态度值得作为同学们的范例。

（5）图纸表达。基本采用了正确的排版方法，在效果图字体、字号的处理上，基本合理规范。在字体的丰富程度上有较大的提升空间。在文字、图片大小的对比、黄金分割以及其他的构成设计方法上还有较多深入发展的空间。可以结合高年级同学的作业，以后进一步改进。（见图6-23）

图6-23 戴上眼镜的"智能"

七、《镜花水月》

作者：陈燃；专业：材料学院；指导教师：王鹤。

（一）辅导过程

生问：

尊敬的王老师，您好，我的作品主题是关于智能手机，大体寓意是后面的四个花瓣代表风景，我们和风景之间隔着手机和镜头，镜头做成了座椅的形状，需要绕过镜头座椅才是花瓣，代表着不要用镜头来记录风景，在手机下侧开了口，表示我们可以抛弃手机，感受大自然。如果有需要完善和不足的地方请老师指出，谢谢！

师答：

总体效果不错，需要适当考虑渲染后效果，注意环境人体工程学的合理性，避免安全隐患。

（二）教师评语

（1）思政融合点。在主题上较为含蓄地批评了人们在各种美丽景色面前只注重使用智能手机摄像功能，而忽略了实际观赏，真实体会这一较为深刻的社会主题，进一步批评了对智能手机的过度依赖，以及更多关注真实生活的美好主张，育人效果比较显著，对于本科生来说殊为难得。

（2）形式美感。形式广泛使用了现成品、二维等鼓励采用且便于采用的设计方法。手机使用大幅的屏幕进行置换。花瓣、摄像头等其他元素都与具体功能和环境景观相结合。总体上体现了公共艺术形式高度综合化的特征，将雕塑景观和设施融为一体，体现出对课程内容的扎实掌握。

（3）环境与功能。作者所表达的花瓣兼具花坛和绿化的功能。摄像头等具体的要素兼具座椅等设计功能。总体来说，作品兼具多方面功能，营造了一个小规模的景观，显示出作者对于公共艺术在艺术性与功能的结合上有较为深刻的理解。

（4）表现方法。表现方法上使用典型的建模手法，对于各方面要素表达较为清楚，对于通识组同学来说达到了较为理想的训练效果。

（5）图纸表达。图纸表达为典型的横排版、深底色，视觉冲击力较强。较好地达到了训练效果。美中不足之处在于设计说明字号略大，与整体图幅和图纸大小不太匹配。（见图 6-24）

图 6-24　镜花水月

八、《“共舞”——键盘、铅笔时代的交互》

作者:董立宗;专业:光电信息科学与工程;指导教师:王鹤。

(一)辅导过程

该方案的辅导过程非常完整,作者听取建议选用容易使用的软件。他积极吸取教师的指导意见,将两者进行结合,辅导过程完整高效,体现出极快的进步速度。

生问:

王老师,这是我初步的构想,想用键盘连接铅笔的方式来提醒人们在智能设备的过度使用过程中忽略了书写的重要性。

在键盘设计中,我想加入草地和玻璃按键的设计,这样能够人们提供为休憩娱乐的场所,在笔头的设计会加入路灯,提供照明用处。

希望老师能提出一些改进的意见,我会更好认真地修改。

师答:

键盘与草地环境的结合,需要考虑它们的功能,每一个按键是不是都能达到 45 cm 的高度,能够提供人乘坐的功能。如果处置不当,会显得尺度过大。目前铅笔与键盘放置的地位是平等的,很难看出来哪个更重要,这也不是重点,就让他们呈现一种并列的状态也很好。键盘与传统的铅笔并用,目前看来铅笔似乎不能放得太过于随意,是不是可以和你设想的路灯的布置方式,也就是等距的、对称的去结合。

(二)教师点评

(1)思政融合点。使用键盘和传统的铅笔造型,让人们思考两者之间的关系,基本达到了希望人们反思智能设备使用的主题意义,也正如同学们线上评论所说,两者之间的联系可以进一步深入挖掘，以深化警示意义。

（2）形式美感。形式上使用键盘等现成品，基本达到了所需的形式美感。他们之间的布置在尺度间距上也比较合理。

（3）环境与功能。可以提供人们乘坐休憩。但是如此大的键盘，在提供休息与满足人们无障碍穿越之间显然还存在一定的矛盾。有待后期进一步修改。

（4）表现方法。从零基础开始，使用容易使用的 Su 软件，快速自学，反复修改，成功实现了自己的设计主张。由此可见，软件的使用要以满足自己的设计意图为首要目标，在这个过程中不断提高学习能力，这就达到课程学习的初衷。

（5）图纸表达。基本实现各种排版设计要素，注意边缘对齐，底色使用有自己特色。在各种元素搭配上有所提升，在今后要注意更为复杂的内容排布与更丰富的信息传达。（见图 6-25）

图 6-25　“共舞”——键盘、铅笔时代的交互

九、《击掌》

作者：金晓婕；化工学院；指导教师：王鹤。

（一）辅导过程

辅导过程清晰，完整。作品主题不断提炼纯化，形势不断简洁，趋于优美。与环境的关系也趋于和谐。训练效果理想。

生问：

王老师，您好！我是金晓婕。这是我对我的大作业的初步想法，请老师批评指正。谢谢老师！

击掌是现代社会中表达正向情绪的一个动作，结合代表彩虹色和像素化，我想到了将击掌的手像素化。用单个的小立方体高低错落摆放在竖直的墙体上，构成一个手掌的形状。表面漆成彩虹色，并用荧光材料使其在较暗的情况下发光。在手掌旁写出说明，希望路过的人们可以与之产生击掌互动。

选址：因为尝试使大家更好地接受作品，所以我想将作品放在比较包容的城市，如上海成都等，或人流量较大的新老城区之交的建筑外墙或者围墙。在这种地方既有对各种文化包容的年轻人，也会有思想比较传统的人。

材料：荧光材料＋木质材料＋防腐漆。

表达方式：手绘和模型（打算用纸模型），id排版。

师答：

两个建议，一个是针对主题的，一个是针对形式的。从主题上看，只强调对于所有不同的观点的人进行包容就可以，不必过多强调具体的细节。这样，作品的针对性会更为宽泛。从形式上看，既然要像素化，目前看来过于写实，过于真实，尽量还是让其相对抽象、幽默、卡通一点。注意表达方式和排版。

生问：

谢谢您！您的建议对我很有帮助！我根据您的建议做了如下修改。主题方面我不纠结了。对于卡通化我有这些问题。

（1）单元格需不需要再小一点，应该可以看得出来是手掌的形状吧？

（2）我将它卡通化以后就不知道厚度应该如何处理。如果只像上了色的那张左视图一样会不会太简单了？厚度需不需要有一些变化呢？可不可以每个单元格的厚度不同但是总体厚度差异不大，这样做出的变化但是又不至于太突兀（如未上色的左视）？

（3）关于荧光物质的位置我也不是很确定。用第二种（荧光物质用于侧面的情况）是不是效果最好？

（4）在正面图上手掌轮廓外加的单元体会不会影响人们对手掌的辨认呢？会不会冗杂？需不需要去掉？

师答：

你说的这些想法不错，可以按照上述方式加以调整。

生问：

王老师这一段时间我在做纸模型，已经有了轮廓。请您指正，谢谢。谢谢王老师这一学期的教授和指导，您和这门课对我的帮助真的很大。我对公共艺术公共建筑更加挺感兴趣了。如果有机会的话，希望以后有相关问题还能请教您或跟您交流。

师答：

手工模型比较理想，现在主要应注意摄影与环境结合时光影角度等细节，你本学期进步很大，随时沟通。

（二）教师评语

（1）思政融合点。从寻常动作引申深层次社会主张，响应社会演变趋势。运用人们喜闻乐见的简易形式，促进社会和谐。

（2）形式美感。综合运用像素化与二维剪影手法，降低表现手掌这样具象形象的难度。设计方法运用正确，形式活跃优美。另外，手工模型制作精良准确。

（3）环境与功能。二维新颖形式与像素化成功结合。与墙体结合，进一步提升像素化融入环境的优势，即不阻碍交通流线受众面广。但是对基地的分析还可细化，深化到具体点，以便更有针对性。功能便利性相对不足之处在于，没有更详尽的说明阐释如何通过与人互动来变换作品色彩，设计说明略简单。

（4）表现方法。作为化工专业的同学，作者一开始从手工模型就选择这一条能够成功完成的路径。这与很多同学只考虑初始效果，而不考虑制作方法形成了鲜明的对比。由于方法路径选择科学，因此手工模型推进过程顺畅，最终效果很理想。

（5）图纸表达。深底色与彩色作品搭配理想，信息完整，使用字号字体基本合理，技术细节完整清晰，与人互动部分还有较多的通过图示语言加以阐释的空间。（见图 6-26、6-27）

图 6-26　制作模型

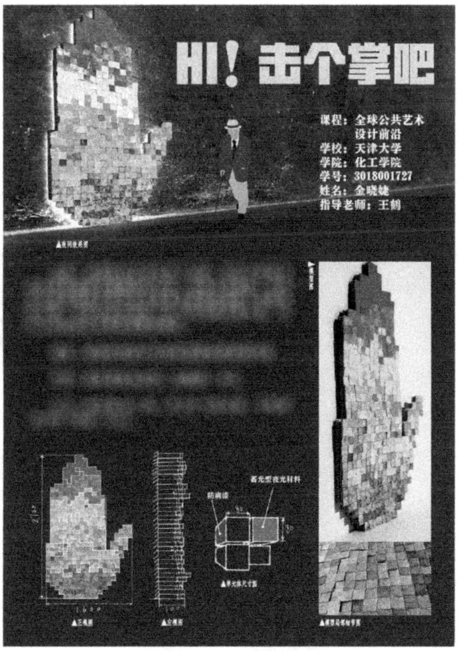

图 6-27　击掌完稿

十、《晾》

作者：文俊欢；专业：自动化；指导教师：王鹤。

（一）辅导过程

根据课程作业发布的评价标准，并且采纳、综合了同学们的意见，方案充分实现了训练目的。

（二）教师评语

（1）思政融合点。在主题上确实作为对智能设备的反思提出了希望人们更多地避免做低头族这一现象，具有正能量，达到我们课题的要求。

（2）形式美感。要求能够正确使用课程设计方法，大家可以看到这份作业使用了现成品并且进行质感变换的方法，有同学也指出了这非常像超现实主义中达利的著名画作。方法运用正确得当，有形式感。

（3）环境与功能。任务书要求对环境有基本介绍，本作品目前应该是假设放在公园中，可以稍微再多介绍一下原因。改进建议：把手机放在这些袋子中确实是一个很好的互动，但是确实会有容易丢失，容易进水，难以保管等其他的问题。可以尝试通过手机 APP 和无线互联网在大屏幕上进行互动，这样更安全和便于管理。

（4）表现方法。文俊欢同学使用的建模软件的方法，充分达到设计要求和最终效果。

（5）图纸表达。排版上略显简单，字体运用得不是完全特别得当。画面虽然处理了背景，但是缺少一到两个表达比例的人物，这样看不出作品准确的尺度，如果能够增加这些内容，本作品就会更完美。（见图 6-28）

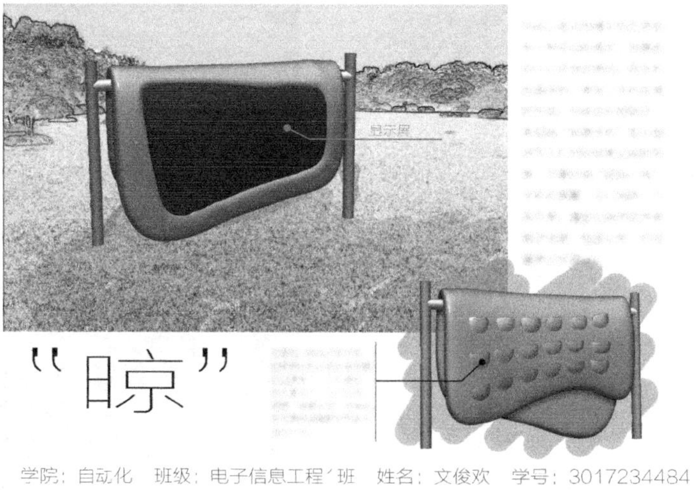

图 6-28　晾

第七章　课程思政教学设计实训——传统文化主题

公共艺术本身就是现代工业、现代审美、设计思潮、设计技术手段与表现方式结合的产物。但是，这并不意味着公共艺术的主题就会由现代与后现代的思潮所包揽。恰恰相反，以传统文化元素或思想本身作为表现对象是一种值得高度重视的设计现象。近年来，在世界范围内，以本民族传统文化作为主题，当代公共艺术设计手法的再创作与再创新，不但没有衰落，反而产生了越来越广泛的受众群体，出现了众多影响巨大的公共艺术作品。

党的十九大报告中更是明确指出要坚定文化自信，推动社会主义文化繁荣兴盛。此外，课程思政教师也要建立文化自信，对中国历史和中华传统文化有一定的掌握，传承中华优秀传统文化，推陈出新。基于此，如何引导同学们正确认识本民族的传统文化，打破对海外设计文化的迷信，塑造民族自信，打造家国情怀应当是教学的重点。在这一背景下，以中国传统文化为主题开展公共艺术设计训练有重要意义。

第一节　传统文化公共艺术设计训练的教学设计

以本民族传统文化为公共艺术主要表现主题是世界艺术设计范围的普遍现象，我们首先来看两个相应的海外经典案例。

一、传统文化公共艺术的经典案例

范例一——韩国釜山《平衡》(Equilibrium)

1)项目选址、项目背景与作者

2014 年，韩国釜山松岛沙滩出现了 17 件可爱的蓝色充气陶器，具体尺寸为 1.20 m × 1.20 m × 2.30 m。尽管看上去很有重量，实际上却是由 PVC 材料充气工艺制作完成的，只要推倒就会自动回到平衡状态，令游客开心不已。(见图 7-1)

这些充气陶瓶的作者 Sanitas Studio 来自一个由建筑师和景观设计师组成的韩国景观与艺术工作室。他们的作品包括建筑景观和艺术作品，主题结合社会背景、文化研究，探寻这一领域艺术设计创新的可能性。很多作品往往重视与环境的联系以及与公众的交流。

图7-1 平衡

2)作品形式与主题

使用陶瓶作为基本元素与韩国的陶瓷历史有关。韩国瓷器受到中国陶瓷影响深远，又逐渐发展为韩国本土特色，出现了高丽青瓷等特色陶器。甚至有人说："不了解韩国的陶器，就很难理解韩国文化。"同时，釜山又是韩国瓷器重要的产地和贸易港口，因此这些充气陶瓶出现在釜山海滩上，比其他场域更多了一份历史感。

由于不同国家的历史、文化背景不同，因此艺术家们总是在公共艺术作品中注入了更多的人文历史内涵。这些陶瓶也不仅是陶瓶本身，按照设计者的意图，它们首先是"不倒翁"。这是由韩国的文化思考与经济现实决定的。在过去几十年间，由于内外因素的影响，韩国经济经过多次兴衰起伏，1998年金融危机就是一例。设计者希望用这种总是能够自动反弹的形象来反映韩国的历史，鼓励人们不断奋斗。但如果向更深层次引申，设计者希望用这种形象强调一系列相对的概念，比如：脆弱/牢不可破、传统/现代、过去/现在、室内/室外、抑制/自由、重/轻、静态/动态。从《云门》的成功来看，艺术中表达的主题尽可能简单、清晰，同时做到引发深层次思考。《平衡》虽然知名度远逊前者，也不是永久性的，但显然在艺术主题探索和表达上付出了艰苦的努力。

3)项目社会反响

这些陶器的出现使原本只能嬉戏、休闲的海滩变得更具艺术氛围，吸引了更多的游客。它们可以灵活搬运，能够适应公共活动，进一步提升所在地的文化氛围，促进旅游发展。

4)设计要点

总体来看，《平衡》综合采用了现成品公共艺术设计的各种手段，运用民族传统文化元素，做到将形式美感、艺术氛围和历史思考充分结合，达到了东方国家类似艺术的较高水平。

范例二——关根伸夫的《空相》

1)项目选址、项目背景与作者

关根伸夫1942年出生于日本，主修油画专业，偶然进入雕塑界，在欧洲学习多年并于1973年回国，并与一群同道者开创以"自然本身即为最美"为美学诉求，高度重视"物"的本质的"物派"艺术。关根伸夫还创建了环境艺术研究所，在大量公共艺术设计实践中贯彻自己"雕塑就是赋予环境以生气的工具;雕塑要像树木、街道、建筑一样,成为构成环境的一部分"等主张,创作出《云的雕塑》《行走的石》《昭和的海》《友爱的碑》《空相》等优秀作品。(见图 7-2)

图 7-2　空相

2)项目形式与主题

关根伸夫于 1970 年,以《空相》参加威尼斯双年展并一举成名。作品中高度抛光的不锈钢象征人力与文明,未经雕琢的巨石象征自然,两者形成强烈对比。需要注意的是,关根伸夫较早地将东方宗教哲学思想融入现代艺术创作,"空相"本身就是一个佛学常见的词汇,意为诸法皆空之状。《般若心经》中就有:"舍利子,是诸法空相,不生不灭,不垢不净,不增不减"之说。

3)项目社会反响

20 世纪 70 年代早期,《空相》被放置于日本箱根雕塑公园中。在自然环境中,高度抛光的不锈钢像镜子一样反射出了对面的山林,产生虚空的意境,也是世界范围内反射性公共艺术的代表作品。

二、传统文化公共艺术的训练类型与要求

任务书

题目:中华传统文化主题公共艺术训练

以校园等环境为基地,直接利用现成品、二维剪影、厚度拉伸或其他设计方法,完成一件以弘扬传统文化为主题的公共艺术概念设计。占地尽量不超过 30 m^2。作品材质上以钢材、铝材等易实现的材质为主,基本具备工程可行性。请同学们就选题展开讨论,课后搜集学习资料,利用中国大学慕课等平台的课程资源与配套教材进一步学习。

表现方式:软件、手绘、手工模型均可,后面有简要介绍。

图纸内容:效果图、灵感来源说明(含图、文)、设计说明尺寸标注、功能示意图、节点图(可选)、形式逻辑生成(可选)。

图纸数量:2 号图(594 mm × 420 mm)或 1 号图(841 mm × 594 mm)1 张。

评价标准:

(1)要抓住传统文化元素审美精髓,主题积极向上,能够起到教育意义。

(2)现成品和二维为主,可添加元素,要求形式新颖,符合基本的形式美法则。

(3)环境与功能应有基本介绍。

(4)表现方法不限,最终效果只是评判成绩的一个方面,更多关注设计方法是否正确,创意是否独特,工作量多少等。课程除基本表现方法介绍外不提供建模系统教程,同学们可利用网络上的资源自学,课程鼓励生生互助,帮助其他同学的工作量可酌情计入成绩。不建议同学们全利用 SU 表现,手工模型等新颖表现手段会有加分。

(5)图纸最后需要利用图像处理软件排版,模型建议注重摄影时的艺术感,小作业前没有排版教程,可以向大家提供标准参考版式,以降低难度。如果大家对排版有更多需求,可以提前发布排版训练视频。

第二节　专业组传统文化公共艺术设计训练详解

本节集中展示了近年来同学以中国传统文化为主题的十份专业组作业。在辅导过程以及教师评语方面与上一章动物保护主题格式保持一致。

一、《浑天》

作者:罗圭甫;专业:建筑学;指导教师:王鹤。

(一)辅导过程

该方案辅导过程清晰,作者从开始即提出完整周详的设计方案,并与指导教师深入交流。指导教师所提意见包括对环境的分析,特别是作品中高而厚重的石柱,是否会造成密不透风的效果,从而减弱游人游览体验?或增加建造成本。这些问题在最终方案中得以解决。由于概念稿字数较多,此处用两幅截图来代表罗同学所提出的初始概念全过程。

(二)教师评语

(1)思政融合点。该方案从当代设计元素与中国传统文化的关系入手,灵活运用浑天仪、八卦等中国传统园林景观等要素,选址独特,功能丰富,在活跃旅游文化的同时,有力弘扬中国传统文化。材料运用充分考虑到了生态属性。思政融入意义显著突出。

(2)形式美感。从平面图上看,作品整体造型为圆形,容易与周边环境契合,内外两层形式结合合理，运用二维剪影进行厚度拉伸。现成品与建筑景观等设计手法色彩上使用黑白组合，加之对于浑天仪等现成品的运用，整体形式优美。

（3）环境与功能。环境契合度高，从大环境看，作品与长白山这一在中华民族心目中有重要地位的自然景观有关。从微观环境上与所在景区空旷、自然程度高的环境结合紧密。作品能够满足多人的休息功能，与旅游区对于功能的主要需求相符。

（4）表现方法。采用典型的 SU 建模表达方法，并充分地运用了最能体现这种软件简单易学特点的形体。在表现方法上体现出一年级同学整个学期所展现的各种进步。

（5）图纸表达。方案采用横构图，第一幅只负责宏观，第二幅图重客观和微观。细节丰富，图面构成感强，图文搭配富于秩序感，色彩对比鲜明醒目，是排版的学习典范。（见图 7-3 至 7-6）。

图 7-3 浑天初稿 1

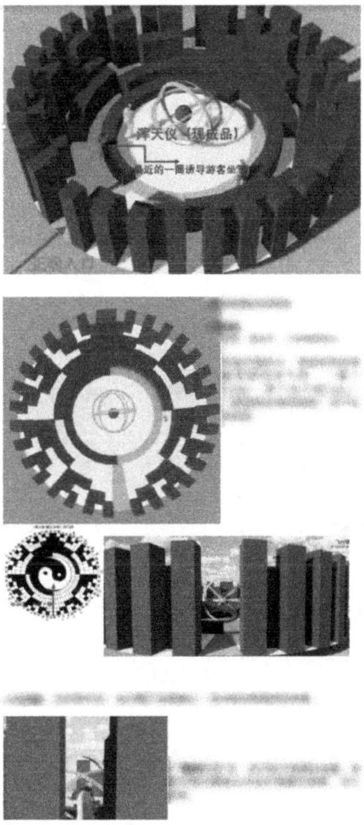

图 7-4 浑天初稿 2

图 7-5 浑天 1

图 7-6 浑天 2

二、《湖灯绘影》

作者:刘安祺;专业:建筑学;指导教师:王鹤。

(一)辅导过程

该方案的初衷是在湖边设计可供大学生休闲、观景的设施。以中国传统灯笼(灯彩)为基本元素,注重其兼具照明和装饰双重功用的特点,将灯笼放大到凉亭的空间尺度,通过减去部分木质隔栅并添加木质座椅来提供功能。

(二)教师评语

(1)思政融合点。与大多数公共艺术作业设计强调的现代性不同,该方案注重提取中国传统文化元素。选用有悠久历史的灯笼为原型加以放大,带有展现传统文化的思政融合点。同时具备形式美感与功能便利。

(2)形式美感。该方案采用现成品设计方法,木框架灯笼本身经过漫长历史演化与多代工匠创作加工,已经具有突出的视觉美感。加入照明考量后,作品更兼顾昼间与晚间的视觉效果,综合效果理想。

(3)环境与功能。除了从视觉和功能提供与环境契合,该方案还在安装方式上有独特之处。按照作者的设想,灯笼漂浮于湖面上,通过浮桥与陆地相连。当然在实际施工中,非刚性连接会影响安全性和可维护性,需进一步斟酌。不过这种寻求进一步融入环境的思路值得肯定。相对于其他部分作业的湖边休息设施,该方案中灯笼的设施利用率更高,也不受天气影响,安全性更好,因此在功能便利性上较为突出。

(4)表现方法。表现方法较为传统,典型计算机制图,效果图渲染色彩理想,特别注重夜间效果。

(5)图纸表达。总体框架较为清晰。透视图选用夜景,对比强烈,效果突出,且表明作品特色。概念与方案生成略简单。透视图等比较完整。总体来看,排版基本能清楚阐述设计目的,可更为紧凑。(见图 7-7、7-8)

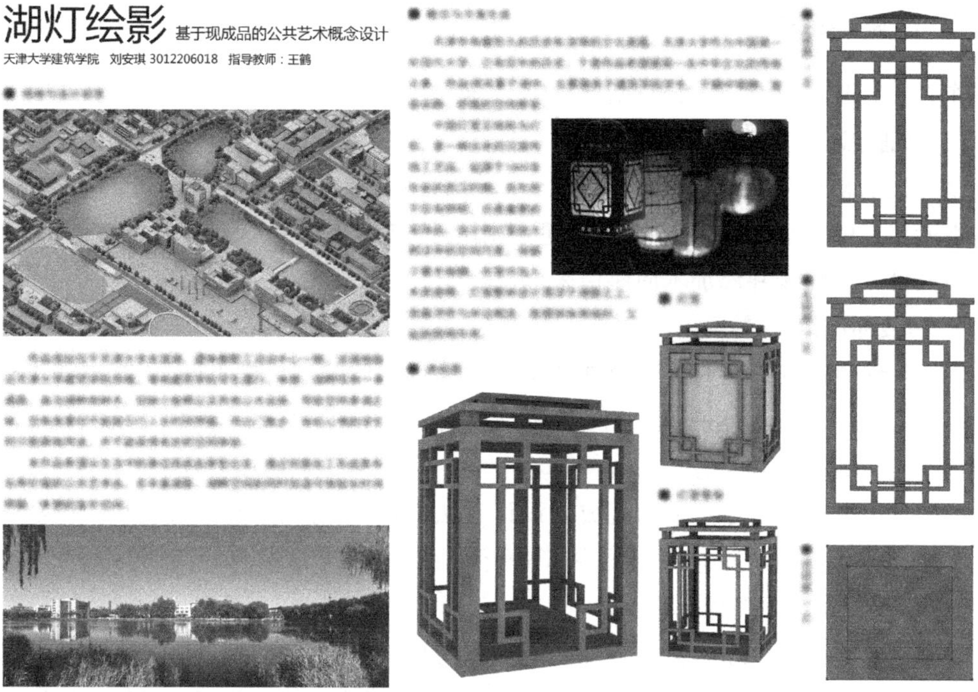

图 7-7 湖灯绘影 1

图 7-8 湖灯绘影 2

三、《后裔摄日》

作者：房家梁；专业：建筑大类；指导教师：王鹤。

（一）辅导过程

该方案历经多次修改，从有思路一直修改到排版，是一个完整的教学流程，体现出作者勤奋的学习态度。

生问：

王老师好，在本次设计中，我初步采用了手工模型的方式，利用剪影正负形的构想，创作出了名为“后裔摄日”的作品。

本作品通过剪影正负形的手段，以幽默诙谐的方式对比古今，体现出对现代智能设备应用的思考，同时另一方面反映出古今人类看待自然事物的差异。现设想作品以二十四小时为周期做出360度的旋转，使人物剪影始终正对太阳的方向做出自身的旋转，以更好表达“射日与摄日”的关系。但作品最适用的环境和地点还没有确定。

现有图片是当前初步的粗略构思，效果图和尺寸标注工作还需要进一步完善。希望老师可以针对方案设计和图纸表达方式等方面提出建议，我会进一步完善和改进现有的方案。感谢老师的指导！

师答：

思路非常好。中国古今对比是一种重要形式，课程第七章有一节专门提及这一内容。全手工模型的方式也很好。不足之处有：模型的基座是不是有一点粗糙？其实更重要的是和周围一些人比例之间的关系。排版的底色是不是一定要用现在的色彩？因为作品是和太阳有关，但不一定采用现在的色调，一般来说还是会采用比较理性淡雅的排版底色。

（二）教师评语

（1）思政融合点。能够将传统文化与智能设备的使用结合起来，是近年来比较独特的一类主题，体现出悠久的历史文化知识底蕴。同时，古今对比本身也是营造幽默感和促进思考的一种重要文艺手段。动感与光源的介入进一步深化了表现深度，丰富了细节。

（2）形式美感。使用二维剪影设计方法。两种形象搭配使用，结合正负形。主色调黑色醒目，效果突出。底座的一体化设计，进一步提升了视觉观感和稳定性。

（3）环境与功能。二维剪影作品环境契合度高，特别是在功能上，可乘坐和休息，功能较为完整合理。

（4）表现方法。方案突出之处在于使用手工模型作为主要表现手段。功能丰富合理。可动，有光源，体现出了手工模型在展现真实环境过程中最为接近的状态。也展现出作者极强的动手能力与整体思考能力，值得鼓励。

（5）图纸表达。排版经过多次修改，不断完善。基本能够做到字号合理，底色正确。

当然在边缘对齐、图纸大小、比例等方面还需进一步完善。（见图 7-9）

图 7-9 后裔摄日

四、《笼罩》

作者：滑晨宇；专业：建筑学；指导教师：王鹤。

（一）辅导过程

该作业基于"全球公共艺术设计前沿"课程第一章对现成品设计法则的运用及课题中国传统文化公共艺术设计的诸多训练要求完成。辅导过程完整清晰。

（二）教师评语

（1）思政融合点。该作品唤起人们对传统建筑的保护意识，是非常好的主题。如果我们仔细观察，也会发现中国传统建筑的风格、很多局部的工艺，甚至是创作的理念都会在当代有所复兴，会随着中国经济实力和文化的发展而进一步巩固。如何能够表现出中西建筑风格交替推进，或者为传统建筑能够借助现代建筑的材料工艺与优点不断得到复兴提供具有建设性的意见，这是我们努力的方向。而一年级同学由于年龄较小，对问题的看法往往难以做到辩证看待，容易只看到社会因素积极的一面，或者只看到消极的一面，这是在后期的教学中需要注意的问题。

（2）形式美感。充分运用了现成品构成的法则。大量使用现成中西方建筑构件形态，形式逻辑完整，中西对比尺度关系把握合理。

（3）环境与功能。作品没有对环境进行充分的描写。这是由期中作业要求所决定的。从作者的布置看来，该作品显然是位于公园等场地内，能提供儿童游乐功能。就更需要主题的客观、完整、对立统一。

（4）表现方法。使用现成品或建筑构件进行设计的好处就是使造型逻辑有章可循，同时也更适合一年级同学适应当前大量普及的制图软件。

（5）图纸表达。图纸表达基本使用了深底色、竖排版、效果图在上的经典构图方式。由于作业量的要求，部分细节不够充实，但不同效果图的大小、比例、尺度均相对较为合理。如果要满足竞赛需求，还可以追求更强的视觉冲击力和更富有逻辑的网格化排版方式。（见图 7-10）

图 7-10　笼罩

五、《山河表里之声》

作者：黄艺；专业：建筑学；指导教师：王鹤。

（一）辅导过程

该方案为针对传统文化大赛开展项目制教学的成果。辅导过程清晰，主题不断深化，形式不断优化，训练效果理想。以该作业为核心的竞赛作品获 2021 年度“互联网 +”创新大赛天津赛区产业命题赛道银奖。

（二）教师评语

（1）思政融合点。该作品将传统绘画山水用现代形式语言和材料加以转移，使之有更广的受众和更长久的艺术寿命，有力提升大学生的家国情怀，促进大学校园文化建设深度。作品名称富于文采,有意境。

(2)形式美感。对中国传统优秀画作进行转译。原画艺术品质量有保证。合理运用栅格化和像素化,是最典型的一种转译形式,语言现代化,易于理解。与水体结合,进一步丰富倒影效果,形态优美。

(3)环境与功能。作品位于大学校园内,环境总体适合位于水体中,进一步提升效果,并减少作品损坏度,环境契合度高。阐释清晰。水池如重新设计,水深多少,有何安全性保证? 功能便利性较显著,作品本身并未过多考虑功能,建议增加夜景发光照明功能,并尽量使用清洁能源或与人产生互动。

(4)表现方法。方案采用典型的手工模型与计算机制图结合,取两者之长,避两者之短,较好地体现了本科二、三年级同学的训练水平。

(5)图纸表达。作品为深底色竖排版。底色与图搭配合理,两幅的图面信息丰富,用汉字标注不同内容的先后顺序,做到逻辑清晰并富于新意。图纸组织可更为紧凑,边缘对齐应进一步严格。可以通过图纸大小与关系来进一步清晰化信息传达的序列。(见图 7-11、7-12)

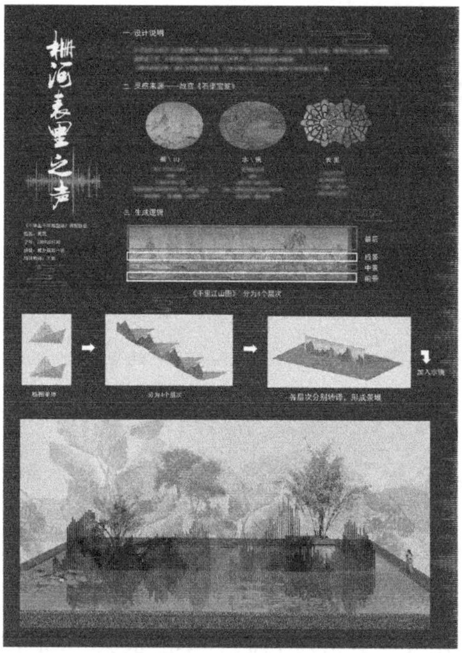

图 7-11 山河表里之声 1

图 7-12　山河表里之声 2

六、《方·圆》

作者:杨雨菲;专业:建筑学;指导教师:王鹤。

(一)辅导过程

辅导过程较为完整。作业运用了目前较为成熟的形式美感法则及构成逻辑,基本达到训练效果,经历了形式不断提纯、改进,再提高的全过程。

(二)教师评语

(1)思政融合点。通过对中国传统屏风重新解读,融入对方圆哲学思想的内涵并将其上升为哲学内涵。由于屏风本身系工艺美术家具,其意义在上升到哲学的过程中,应更多地解释为中国传统文化中的刚柔等对立的哲学概念。

(2)形式美感。突出点是富于现代构成美感,通过方圆搭配穿插,尺度合理,摄影角度巧妙,进一步提升形式美感。

(3)环境与功能。作品本身具有垂直与水平方向上的插接,方与圆的穿插,对各种环境都会有较好的融合。应进一步细化基地分析和具体环境的描述。功能便利性上带有典型的休憩、赏玩等传统功能,但不妨增加乘坐休息与局部的遮阳功能。与环境契合度的问题一样,说明与图示都有较大的深化空间。

(4)表现方法。公共艺术设计方案的手工模型与所采计划采用的材料紧密相关。所采用的材料则在很大程度上直接决定了作品的构成逻辑。两者相辅相成,单独追求其中任何一点都容易导致作品失败。这件作品选择了这种插接的方法并选用机刻板材直接组装，在完成过程中不会有反复，最后效果较为理想。

（5）图纸表达。典型的浅底色，竖排版，效果图大而醒目，内容基本完整，信息标注全面。图文搭配注重黄金分割法则。文案有一定的深化空间。（见图 7-13）

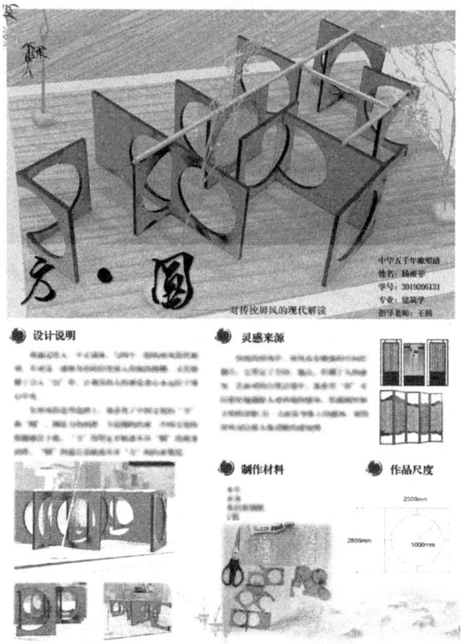

图 7-13　方圆

七、《天青色幻想》

作者：王若临；专业：环境设计；指导教师：王鹤。

（一）辅导过程

该方案是天津大学建筑学院优秀通识课、天津大学新工科通识课“中华五千年雕塑路”的课程结课作业，辅导过程完整。

（二）教师评语

（1）思政融合点。该方案对中国传统工艺美术精品汝窑瓷器进行了深入的文化考察与全新的诠释，突出汝窑瓷器在烧制过程中人为强制冷却产生的开片效果，弘扬中国传统文化，思政融合点显著突出。

（2）形式美感。着重表现偶然形美感，该方案本身用竹片和滴胶的模型手段再现汝窑瓷器色彩淡雅优美。

（3）环境与功能：作品在公共环境中竖立摆放，以达到观赏效果角度最大化，并不妨碍交通流线。两种摆放方式进一步丰富了整体效果，活化公共环境。功能便利性上没有作为重点展开，应该可以提供乘坐功能。可以考虑适当与文化普及、展牌或其他科普手段相结合，以进一步丰富作品功能。

（4）表现方法。由于课程要求必须使用手工模型结课，并且继承中国传统文化训练主题。在训练方法、结课要求上与另外两门课程有所不同。要求在图纸上介绍模型制作思路和方法。

（5）图纸表达。为典型的浅底色，横构图，诸要素完整，效果图拍摄光线角度唯美。但总体信息量可以更加充足。（见图 7-14）

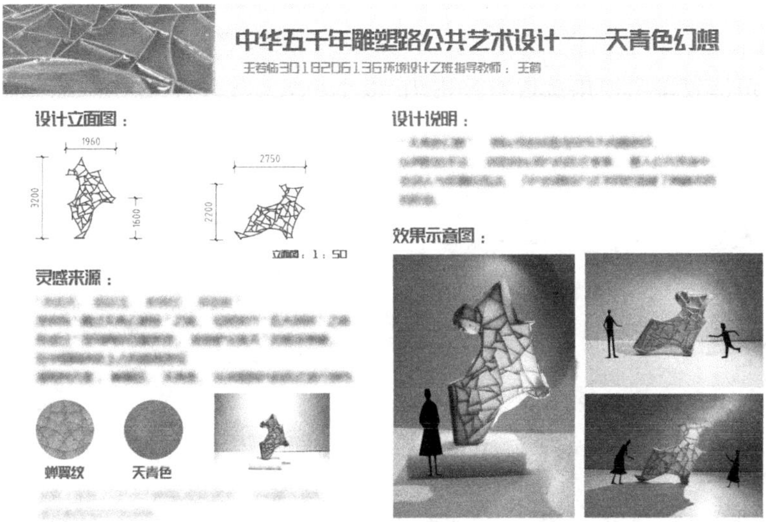

图 7-14　天青色幻想

八、《言外之意》

作者：雷昊玥；专业：环境设计；指导教师：王鹤。

（一）辅导过程

在推敲作品与环境关系上几经周折，最终达到了较为理想的效果，辅导过程有一定代表性。作品最后与环境的关系，特别是指导教师所提出的提升机制性等方面的改进效果还有很大提升空间。

（二）教师评语

（1）思政融合点。书法无疑是中华传统文化的重要元素。承载着较为深厚的历史底蕴。该方案对其加以现代化的转译，弘扬书法艺术。改进当前提笔忘字这一社会现象的思政融合点，意义较为显著。

（2）形式美感。米字格透明空间与酒中仙等有内涵的传统短语进行结合，形式新颖。但在笔画实体搭配关系上还有较大的完善空间。

（3）环境与功能。概念稿中人体尺度与公众参与形式，和技术图纸中的人体尺度有较大差异，如今 50 cm 的高度则不完全符合公共艺术的效果，容易丢失。功能上，目前结合了可以提供练字性质的实际功能，与环境问题一样，尺度过小，虽然参与程度高，但容易丢失，难以把握，影响作品的后期维护。可以思考更为巧妙的或更有机制性的方法，或提供在有机玻璃外壳上涂鸦、练字等其他更易于控制的功能，并与主题有所联系。

（4）表现方法。按课程统一布置的方法，使用手工模型作为主要结课表现手段。对各种现有材质利用较为充分，能够体现出各种材质的优点。加工较为精致，摄影考究，体现出二年级同学的典型训练强度。

（5）图纸表达。特色鲜明，深底色。横排版，但采取竖构图。信息量丰富，逻辑关系较为紧密，特别是效果图视角选取有冲击力，以小见大。文案能够在传统文化意蕴和客观描述间取得较好的平衡。（见图 7-15）

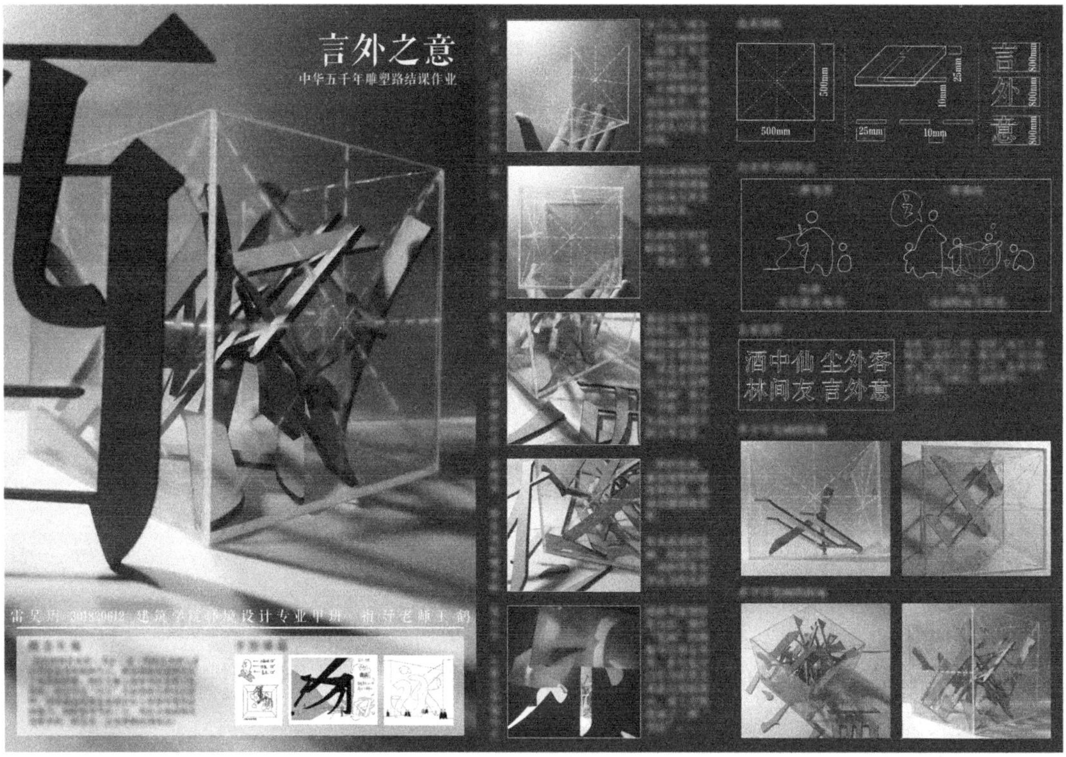

图 7-15　言外之意

九、《中国·结》

作者：王嘉雯；专业：建筑学；指导教师：王鹤。

（一）辅导过程

该作业由建筑学专业同学完成，是“中国传统文化公共艺术设计”的训练成果之一。作业将中国结进行肌理变化，成为具有游乐功能的设施，并兼具形式美感，思路新颖，与环境结合紧密，体现出较高的作业质量。

（二）教师评语

（1）思政融合点。中国结是典型的中国手工艺品，具有非常高的形象辨识度。因此，选用中国结作为主题，特别是契合了汶川地震后国家重建小学这一特殊的选址，使作品的思政融合点更为突出。该作品希望灾区的孩子健康成长，快乐游戏，同时体味传统文化，主题尤为显著。

（2）形式美感。中国结可以理解为一种现成品，本身就具有优美的现成品形式美感。作品放大尺度，结合整个场地加以设计，使得人们需要通过鸟瞰图才能看清全景，这种方式丰富了作品的功能，宏观美感突出，不过也带来在作品内部人们很难体会的美感问题。

（3）环境与功能。两者紧密结合，与思政融合点有很好的交织。能够通过隧道的形式提供休憩和游戏的功能非常理想，但是需要注意透明的部分。如何释放热量，隧道如何保证安全性，还应该结合具体的工艺加以思考。彩色玻璃等的运用是永久性还是临时性，不同的工艺的最后决定形式也会有所不同。

（4）图纸表达。作者经过专业训练，图纸排版优秀，特别是使用了带有中国红的背景色彩，与作品主题高度契合，内容基本完整。部分线上评论提到作品中部分内容较空，如果对一些细节能够有更详细的说明会更好。（见图 7-16、7-17）

图 7-16　中国·结 1

图 7-17 中国·结 2

十、《中国节 & 中国结》

作者:王雨涵;专业:城乡规划;指导教师:王鹤。

(一)辅导过程

该方案为“设计与人文——当代公共艺术”大作业。作者以中国传统的工艺美术品中国结为主要的形式,成功结合校园水体环境,充分考虑色彩等因素变化,不断深化作品细节,达到训练目标。但由于此作品在公开平台上展示时间较短,所以网评较少。

(二)教师评语

(1)思政融合点。以中国传统手工艺品——中国结作为主要结构,以多种剪纸的立体化形象作为附属结构,通过色彩对比,结合校园环境,弘扬了中国传统文化含蓄之美,有优越的视觉效果,在改善校园文化与视觉环境方面也发挥了很好的作用,方案意义突出。

(2)形式美感。中国结本身具有完整的形式美感,该方案的独到之处在于将中国结这样一种编织物由原本的软质结构转换质感,转为硬质结构使其能够竖立,从而达到更广泛的受众范围,成功起到视觉焦点的作用。多种剪纸结构的立体化丰富了色彩的对比,深化了作品的内涵。不过,远距离看清作品细节很困难。同样的工作量如果分散到不同剪纸的立体化结构,分布于中国结主体周围,可能效果更好。

(3)环境与功能。与校园环境结合较为合理。作品放置在水中有自己的独到之处,作者的思考具有一定的生态效果。还可以利用水流来掩盖支撑结构。从设计和后续维护的角度来说,放在水中也起到了防止人们靠近的作用,起到了提升安全性的效果,但是需要考虑到北方枯水期较长,作品放置的位置可能长时间都处于暴露状态,视觉效果可能不够理想。照明和水质净化的功能,就目前结构来看稍显牵强。

(4)表现方法。属于比较典型的 SU 建模的效果,成功运用了平面和立体多元化的转变,各种标注图完整,内容形式丰富。

(5)图纸表达。方案属于典型的两张图分开的方式,工作量很大,一张图用于增强整体效果,另一张图用于说明细节。图纸的底色与作品的主题相符,内容完整。(见图 7-18、7-19)

图 7-18　中国节 & 中国结

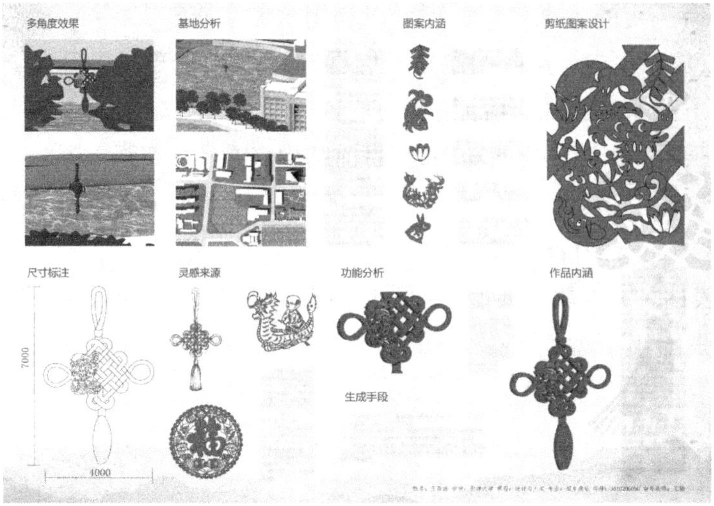

1

图 7-19　中国节 & 中国结 2

第三节　通识组传统文化公共艺术设计训练详解

本小节涉及的内容更关注于同学们对于家国情怀的理解，对中国传统文化的认识，而不是教学过程本身。这十位同学的作业大多是经过课堂上师生面对面的沟通教学后完成的，所以并没有记录全部辅导过程，教师评语格式与前两章一致。

一、《榫卯之美》

作者：庄雯茜；天津大学宣怀学院；指导教师；王鹤。

（一）辅导过程

该方案经过师生面对面沟通后完成修正。该方案生动地展现了宣怀学院的教学特点，注重创意创业，有家国情怀，作品功能环境得当，充分达到训练效果。

（二）教师评语

（1）思政融合点。方案从主题上完全符合传统文化的选题要求，作者选用中国传统的榫卯结构为主题，并对其进行了进一步的解释，并且在结构中生动地表现出榫卯结构的契合特点。榫卯结构作为一种中国传统工艺的节点结构，作者进一步将这一结构的美学特点上升到文化和哲学层面，象征着中华文化的承上启下和多元文化的交流互补，有深度和作者自己的思考，思政融入意义突出。

（2）形式美感。从形式上看，作品符合基本的构成美感，尺度得当，色彩对比简洁明快。

（3）环境和功能。该作品涉及的功能非常独特，利用一部分白色作为LED灯透明部分，可以展示展品，这种功能在目前的公共艺术作业当中比较少，具有独特性。当然如何才能更符合观看时的人体工程学，作品在色泽、亮度、高度设计上，还有进一步深入的空间。与环境的关系，虽然作者描述了场地空旷视野开阔，但是这样的临时性作品，是不是要放在体育馆前还要进一步研讨。

（4）表现方法。表现效果上选用了寻常可见的 Su 软件进行处理。通过简单自学达到了理想的表现效果。

（5）图纸表达。排版内容紧凑，工作量充足。唯一的不足是部分小标题的字体与设计说明的字体，在字体、字号上并不完全一致。可以按照我们提供的排版范例，分为大标题、小标题、设计说明三种字号，最多不超过两种字体，就能达到更理想的视觉传达效果。（见图 7-20、7-21）

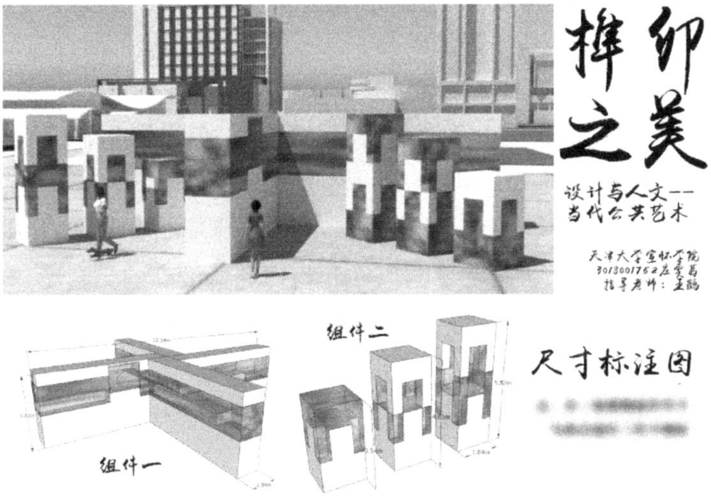

图 7-20　榫卯之美 1

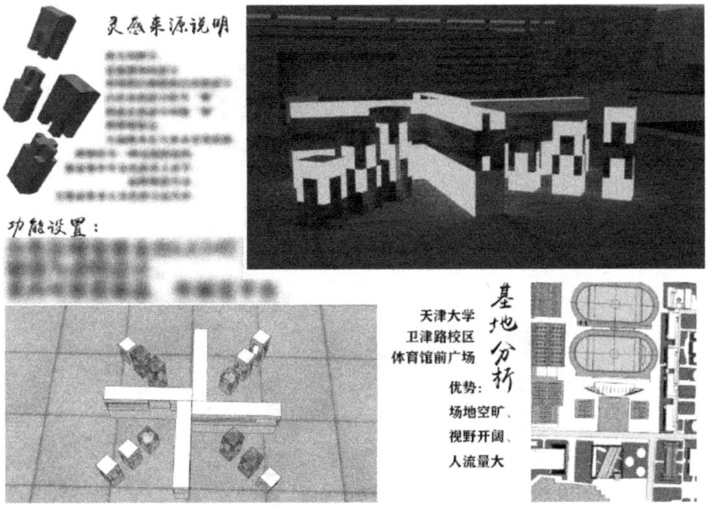

图 7-21　榫卯之美 2

二、《从舟到船再飞腾》

作者：王雨晗；专业：船舶与海洋工程；指导教师：王鹤。

（一）辅导过程

该作业为混合式慕课“全球公共艺术设计前沿”课程训练成果，作者来自建工学院船舶与海洋工程专业。方案与自身专业结合紧密。经过师生多次面对面沟通及课堂讲解，成功实现训练要求，作品加入课堂展示环节。

（二）教师评语

（1）思政融合点。该方案思政融合比较契合，主题方向是与中国传统文化有紧密的结合。作者能够将中国的古代航海史以及端午等中国传统节日结合在一起加以深化，并且鼓励开放和对外发展，实现中华民族的复兴，主题思想深刻。同时与自己的海船专业紧密结合，与专业紧密结合是课程思政示范课的一个突出特点。

（2）形式美感。在形式生成上手法独特，形式优美，色泽鲜明，使用二维图像的厚度拉伸方法科学合理，尺度得当。

（3）环境与功能。作品并没有明显的功能，但是与环境结合紧密，利用天津大学北洋园校区三问桥旁的独特环境，体现出了与人文和物理环境极高的契合度。

（4）表现方法。自学 SU 建模，充分发挥 SU 的特点，利用二维厚度拉伸的方法。结合鲜艳的色彩，成功实现了自己的设计主张。

（5）图纸表达。逻辑清晰，内容完整，字号、字体分布得当，图纸类型丰富，色彩淡雅，视觉效果突出，质量高。（见图 7-22）

图 7-22　从舟到船再飞腾

三、《书籍与书法》

作者：王宇琪；专业：英语；指导教师：王鹤。

（一）辅导过程

该方案为混合式慕课“全球公共艺术设计前沿”的成果，作者为文学院同学，该方案在模型构建后经过多次修改，包括排版的调整，最后达到了理想的效果。

（二）教师评语

（1）思政融合点。在信息化时代，该作品呼吁大家养成阅读习惯，并且关注书法等中国特色传统文化。净化心灵，具有比较醒目和突出的意义。

（2）形式美感。基本使用了文字的二维厚度拉伸的方法，方法运用简约得当，达到了较为优美的视觉效果，运用纯净色彩，进一步加强了效果。

（3）环境与功能。作品布置在图书馆、书画展览中心等处与主题相适应，还提供乘坐和休息等功能，功能比较合理。构思的笔状扶梯在技术合理性上还有可以深入考虑的空间。

（4）表现方法。作者选用了犀牛软件模型构建。造型并不复杂，两者的结合也比较简约。此类软件对于文学等其他专业同学来说难度稍大，但达到这一惊喜程度也并不复杂。

（5）图纸表达。该方案的排版经过多次修改，目前在底色运用、图纸大小上基本达到理想的效果。部分小标题使用的字体考虑到了传统文化的意蕴，但是在尺度选择上并不一定完全的契合。设计说明字号相对较大，还有进一步改进的空间。（见图 7-23）

图 7-23　书籍与书法

四、《剪纸故事》

作者:王旭;专业:工业设计;指导教师:王鹤。

(一)辅导过程

该方案起步早,思路清晰,很早就确定了以剪纸作为传统文化公共艺术设计训练的主题,经过不断结合环境功能全寿命期的改进,并在直播课上分享,吸收不同意见,加以改进,达到了理想的效果。但平台展示时间较短,因此网评略少。

(二)教师评语

(1)思政融合点。剪纸是中华传统文化的一种寄托形式,榫卯也是中国建筑中一种重要的构件。该方案对剪纸进行了有益的筛选,挑选出具有吉祥寓意的多种形式,并将其运用到建筑结构的不同方面。在休息亭的组合结构上,带有一定工业设计专业同学的设计思路,有榫卯、拆卸组合这样的处理。作者思考了如何通过板材的更换来表达不同的主题。但这一方案在实际建造和维护中还会面临一些工艺上的困难。如果便于更换,稳固性和安全性就差,反之亦然。

(2)形式美感。休息亭本身朴实无华,结合了式样各异和意蕴丰富的剪纸,加入色彩,视觉效果较为理想,通过增加剪纸数量避免了作品单调,达到了比较理想的效果。

(3)环境与功能。作品适合放置于步行街公园广场等对休息需求较多的地方,这对环境的建筑形态也有一定要求。其布置也较为灵活。可以针对不同的空间形态临时性布置来帮助这些区域适应不断增加的人流,提升、满足人群休息需求的能力,是临时性公共艺术服务于社会现实需求的较好例证,但临时性作品需要结合管理。

(4)表现方法。用SU软件建模,适用于多样化的环境。

(5)图纸表达。内容由少到多,由简到繁,思路不断深化,内容不断丰富,在排版过程中对两幅图的逻辑关系也有了比较好的处理。各方面细节较为充分。但是图与配文之间的逻辑关系、排布的形式美感以及分割比例还有进一步优化的空间。(见图7-24至7-26)

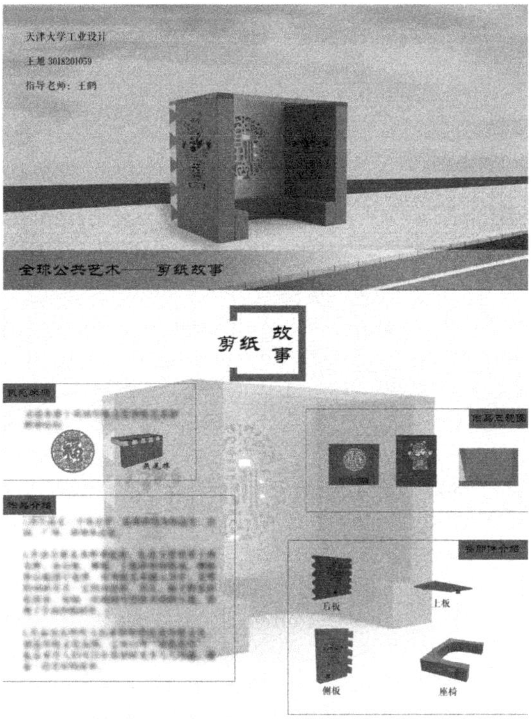

图 7-24　剪纸故事初稿

图 7-25　剪纸故事 1

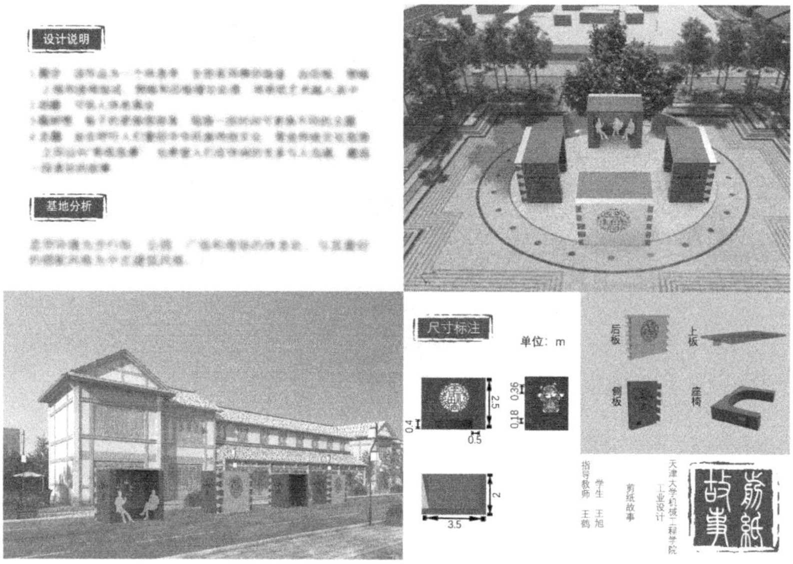

图 7-26　剪纸故事 2

五、《青花瓷》

作者:黄依宁;专业:智能医学;指导教师:王鹤。

(一)辅导过程

该方案的辅导过程主要集中于线下课堂。作者一开始计划将四个瓷盘挂在建筑墙上,经指导教师提醒后进行修改,采用公共艺术典型布置方式,将塑像立于公园公共环境空间,不阻碍交通流线,保证了广泛的受众面,并能够为人们提供休息、赏玩、体验的丰富空间。

(二)教师评语

(1)思政融合点。该方案以青花瓷器与中国的传统文化象征——梅、兰、竹、菊作为主题,以现成品为基本元素,从物质与文化精神两个层面致敬中国传统文化。为公园营造休闲空间,传播中国传统文化。形式巧妙,意义显著。

(2)形式美感。瓷盘本身属于现成品的一个类别,通过运用课程所学进行单一元素的组合。白底色图案简约优美,采用陶泥制作的手法,有传统韵味。充分实现训练目的。

(3)环境与功能。方案在功能便利性上未作更多考虑,可以考虑适当将乘坐、休息等功能相结合。

(4)图纸表达。相对来说效果图较小,文字所占比例较大,经修改后依然带有典型通识为主、同学自我尝试的特点。底色为青白两色富有寓意,内容完整,也在一定程度上脱离了专业训练的固有模式,值得鼓励。(见图 7-27)

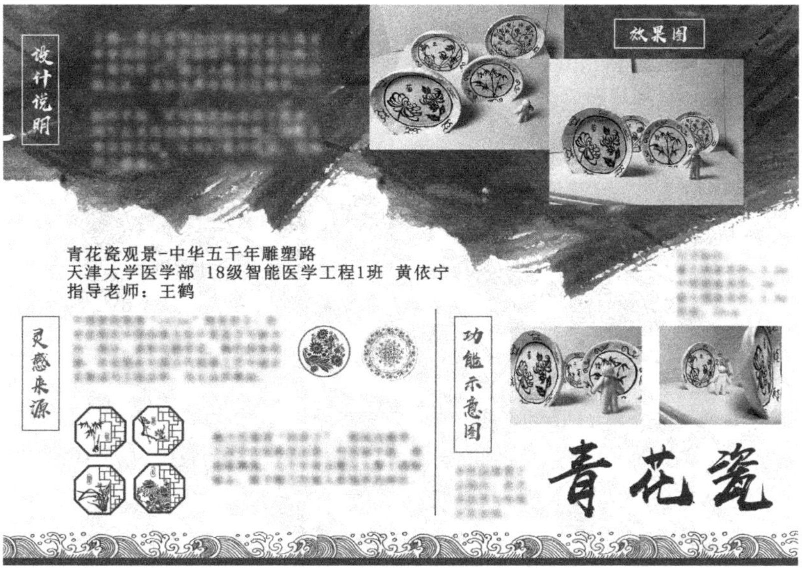

图 7-27　青花瓷

六、《散落的弦》

作者:蒙思竹;专业:财务管理;指导教师:王鹤。

(一)辅导过程

该方案通过对现成品基本元素的选择,在中国传统文化训练的大框架下,正确用现成品的笔断意连方式,对作品进行合理的分散布置。作者经过较长时间的探索,最终取得理想的训练效果。

(二)教师评语

(1)思政融合点。方案选用很少见的中国传统乐器作为原型进行创作。结合提升森林公园环境品质的目标,成功达到在弘扬中国传统文化的同时赋予作品生态属性的思政融入意义。

(2)形式美感。方案选用琵琶作为基本造型元素,在形式美感上使用传统手工艺和工艺美术设计。审美和质量可以保证,合理运用现成品变化方法后分散布置的各个形体尺度得当,疏密有致。

(3)环境与功能。从总体环境上与森林公园休憩休息的功能紧密结合,从微观环境上分散布置符合现成品设计的重要原则,提升了环境契合度。功能便利性上可以看到分散布置后,能够较好地提供儿童嬉戏和成人乘坐的功能。符合所在基地对于实际功能的需求。

(4)表现方法。作者作为一名财务管理的同学,自学 SU 软件,能够较为自如运用不足之处在于效果图的氛围、光影、边界等细节还有待完善。

（5）图纸表达。图纸是典型的横排版浅底色构图，两幅图主次比较分明，信息传达序列逻辑清晰。字体、字号、行间距等符合标准，达到对非艺术专业同学的训练目标。（见图7-28、7-29）

图 7-28　散落的弦 1

图 7-29　散落的弦 2

七、《赠人玫瑰》

作者：周雨轩；专业：机械设计制造及其自动化；指导教师：王鹤。

（一）辅导过程

作者从自己的专业角度出发，直接使用工业机器人作为主要表现对象，达到自己所属的目标。方案从比较细腻的手绘到比较深入的图纸，充分结合了环境以及与人的关系，属于典型的循序渐进教学案例。

（二）教师评语

（1）思政融合点。方案本身以工业机器人与人的互动为主题，引发对于机器人在当代社会和人类社会中的地位的思考。作者表达了乐观的态度，并用自己的方法提出机器人与人互动和谐共处的原则，思政融入意义独到而突出。

（2）形式美感。作者采用了现成品的设计方法。工业机器人本身经过一次工业设计，外形相对优美，在色彩上考虑到了与周边环境的对应，契合度高。

（3）环境与功能。作品充分考虑了所属的环境，环境还有进一步深化的空间。目前作品本身能够采集花递给人类，实现了赠人玫瑰，手有余香这样一种具有传统文化哲学意境的思考。但是在这一机制实现的过程，如何保障不同季节、不同气候条件等因素的影响，还有诸多值得完善和深化之处。

（4）表现方法。使用自己机械专业的建模软件，实现了课程立足专业技能的目标，效果理想。

（5）图纸表达。主要是在标准的图纸尺寸和表达方法上多次修整，最后结合不同的字体形式，基本实现了表达目标。（见图 7-30、7-31）

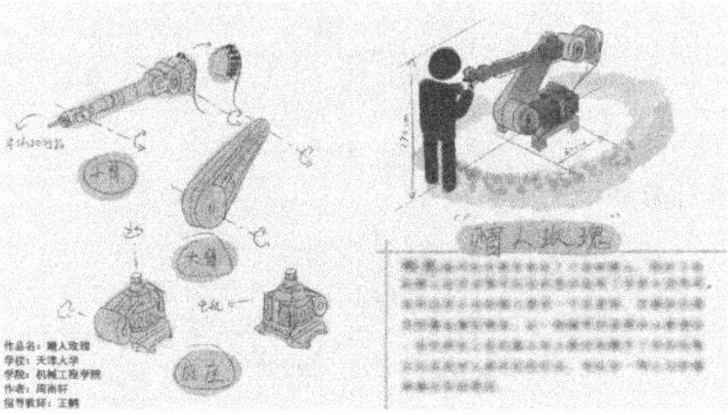

图 7-30　赠人玫瑰初稿

图 7-31　赠人玫瑰终稿

八、《活字印刷术》

作者：黄嘉瑜；专业：生物科学；指导教师：王鹤。

（一）辅导过程

该方案的作者通过多轮与教师的线下沟通，在几次方案选择的变化后，最终确定以活字印刷术为主要出发点，改进方面主要集中在人体工程学等通识组同学急需补齐的专业知识内容上以及最后的图纸表达完善程度。

（二）教师评语

（1）思政融合点。该方案以中国传统的印刷术为主题进行展开，使用活字作为基本造型元素。该作品位于大学校园内，进一步凸显针对大学生的家国情怀教育。

（2）形式美感。这一方面，作品虽然没有布置鲜明的色彩，但形体高低错落。不同类型模块搭配得当，结合汉字诗句，进一步凸显形式美感。

（3）环境与功能。作品位于大学校园内，面向的教育对象群体特征明显。作品位于湖边，视野开阔，对于休息的需求较高。作品本身还可以调整不同模块的位置，进一步适应环境。在功能便利性方面，作品以提供乘坐等最基本的功能出发，人体工程学尺度合理，并且具有一定的拓展性，这一点在当前公共艺术景观设施建设当中最为重要。

（4）表现方法。作者自学 SU 软件模型，表达基本完成，虽然没有复杂造型，没有进行相应渲染，但能够结合手绘图示意图清晰表现设计意图，充分达到通识组训练效果。

（5）图纸表达。基本上遵循了正确的排版方法，两幅图内容较为充实，字体、行间距、色彩较为单一。作者可以进一步充实作品内容，进一步提升作品价值。（见图 7-32、7-33）

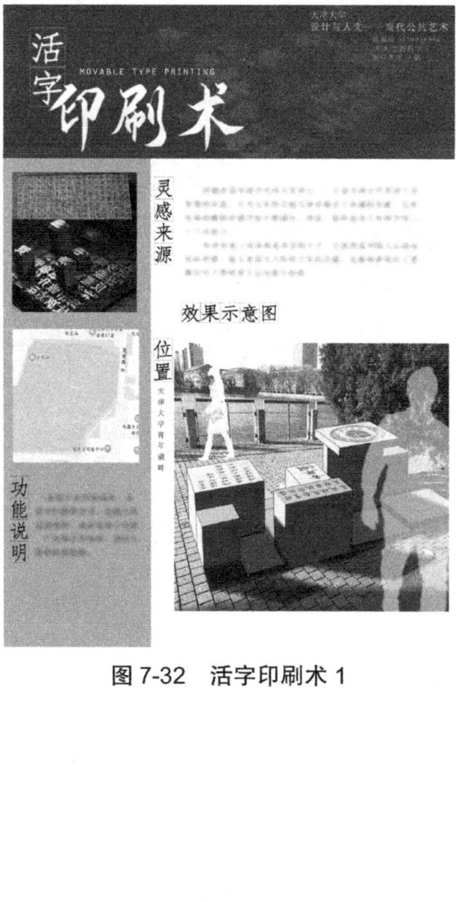

图 7-32　活字印刷术 1

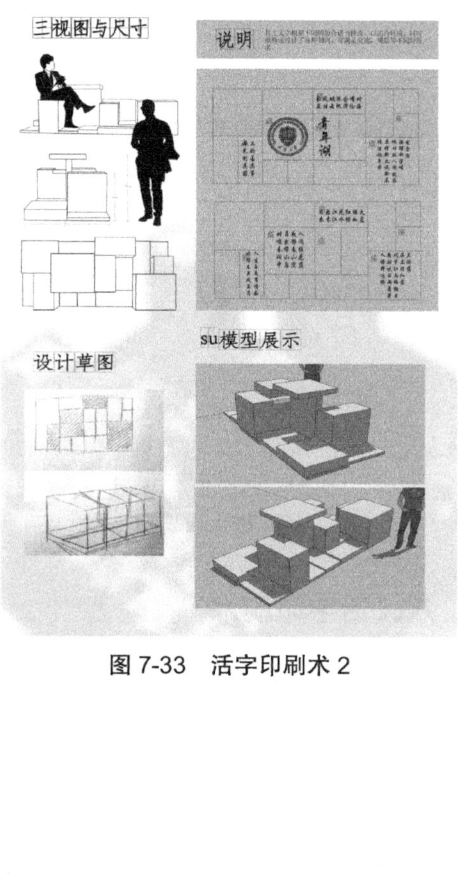

图 7-33　活字印刷术 2

九、《中国结》

作者：焦婷；专业：自动化；指导教师：王鹤。

（一）辅导过程

该方案与前述专业组多个方案同名，但作者来自自动化专业，该同学艺术基础较为薄弱，但经过小作业的训练，作者充分掌握了公共艺术设计所必需的形式原理，结合自身对中国传统文化的理解，成功实现了兼具功能形式美感与思政融入意义的训练成果。

（二）教师评语

（1）思政融合点。该方案同样选择了中国结作为自己的主要形式要素，在思政融合点上特别对于中国结所代表的吉庆有余等传统寓意做了比较深刻的分析。学生在学习的过程中自身深化对中华传统文化的认识同样也是课程思政精品课程的重要育人目标。

（2）形式美感。该方案更多突出了中国结作为桌椅功能的作用，因此更多使用了平面和垂直立面为主的形式，相对来说减弱了中国结本身曲面和编织织物的效果。这也是由所使用的 SU 工具的特点所决定的。虽然有一些不完美之处，但基本实现了作者的设计初衷。

（3）环境与功能。这方面上还有较多的深化空间。首先在环境上，公园或者小区最好是有相关中国传统文化背景的区域，否则与大量现代化的建筑和设施放在一起会不协调。在功能上也是仅有休息等功能。如有同学网评指出，可以增加功能作为花钵使用，这使得作品所占的面积、造价相对功能来说更为合理。不过桌椅与中国结的完整程度不容易融合，这确实是一个问题，实际上可以考虑部分打开，然后在地上用不同颜色的铺装补齐来达到效果。

（4）图纸表达。基本实现设计初衷，对于自动化专业的同学来说，已经完全实现了自身的训练目的。如果要求更高，在图纸的紧凑、数量的增加、信息逻辑的传达方面，甚至底色上都还有诸多值得完善之处。（见图 7-34、7-35）

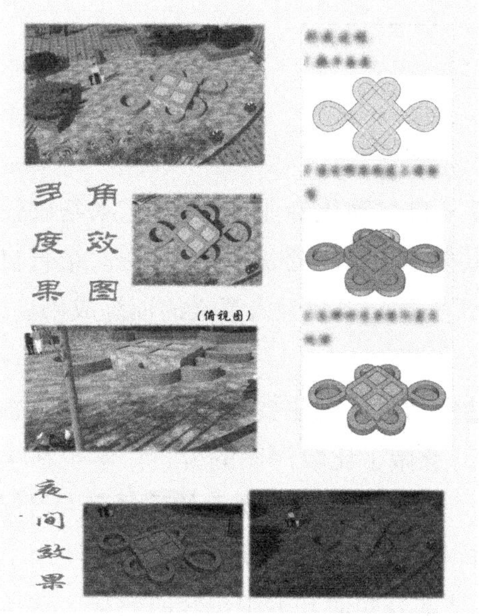

图 7-34　中国结(自动化专业)1

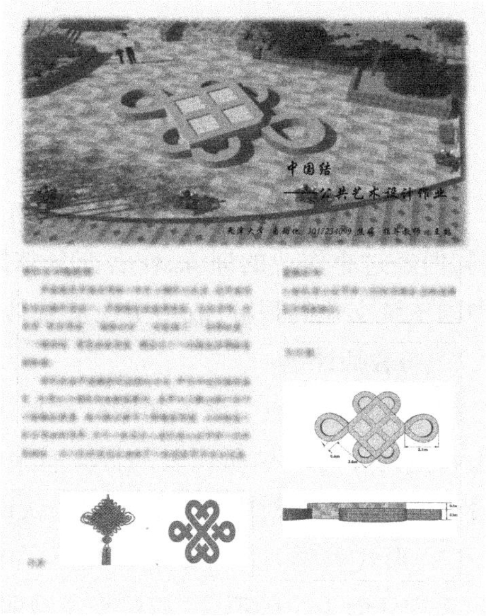

图 7-35　中国结(自动化专业)2

十、《九曲黄河灯阵》

作者:李亮;专业:电气工程及其自动化;指导教师:王鹤。

(一)辅导过程

该作业为“中华五千年雕塑路”混合式教学的成果。学习该课程的所有同学都来自不同的专业,设计基础相对薄弱,由于方案必须选用手工模型,所以难度相对较大。又正值全部在线教学期间,因此教师对同学的辅导耗费了比以往更多的精力,但最终达到的效果比较理想。

(二)教师评语

(1)思政融合点。学生将对中华传统文化的认识由传统的视觉形象,联想到自己所在地域的特色民俗,并利用现成品设计手法对其进行历史资料的搜集和当今流传活动的图像采集。作品可以结合特定的民俗活动与推广,充分达到课程的训练目标。

(2)形式美感。经过努力,完成视觉效果突出、与环境结合紧密的手工模型,形式美感富于重复构成的优美。

(3)环境与功能。作品安排了合理的推广与创作的途径,能够进行传统文化的展示以及儿童的学习锻炼场所。

(4)表现方法。对“中华五千年雕塑路”这门课程来说,手工模型是必然选项,对缺少相关训练的工科同学来说,能够用接近于建筑模型的手工手段表达自己的设计思路还是有较大难度的。从现在的情况看,该方案本身思路清晰、逻辑严密、工程量较大,体现出精细的用心,得到同学们的广泛认可,达到课题训练效果。

（5）图纸表达。在图纸表达上基本达到了要求，但是在字号的使用，在图纸类型的丰富与否上还有较大的提高空间。如上面所述，也有部分同学对于图的背景色提出了自己的意见，总体可以更为理性和淡雅一些。（见图 7-36）

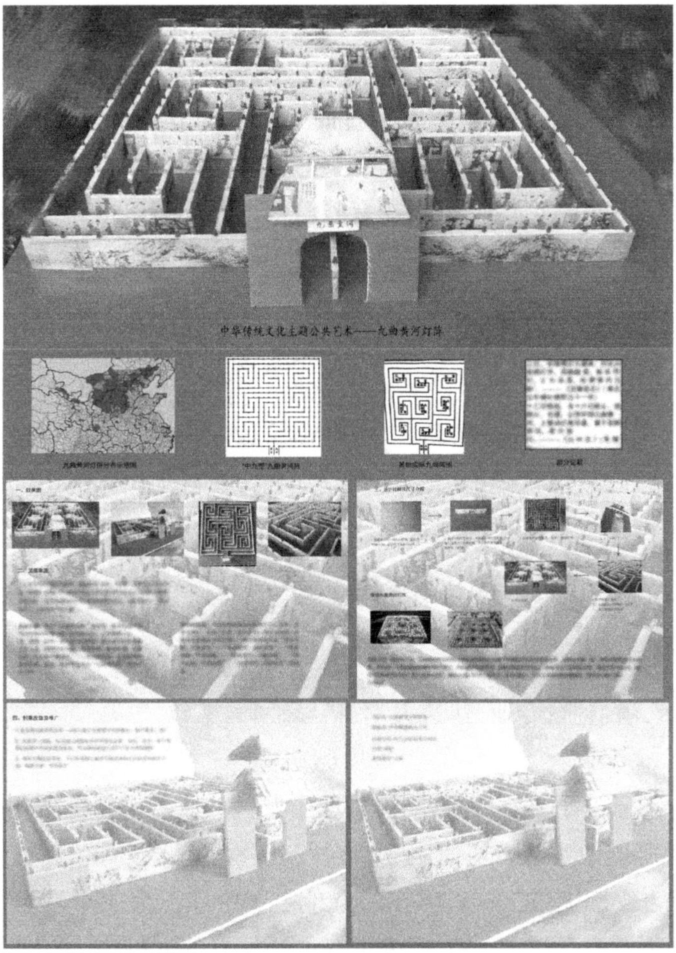

图 7-36　九曲黄河灯阵

第八章　课程思政教学设计案例简评

如果说集中呈现60位同学的课程思政训练流程案例更着重课程思政训练的深度，那么在这一步骤之后，有必要专门布置一章简要点评环节，从建党百年、校园文化、植物仿生、扶贫助学等新主题引申开来，简要介绍另外20位同学的作业，教师评语篇幅较短，侧重于从优点和不足两方面入手，以便在有限篇幅内向大家更全面地展现课程思政训练的特点与实际的效果，进一步扩大课程思政学习与训练的广度。

第一节　建党百年

2021年是中国共产党建党100周年，如何能将这一重大历史事件转化为生动的育人内容，就需要课程思政教师积极走出学校，了解国情，在行走祖国河山的过程中深化对祖国的热爱，将对国情的了解转化为课程思政的鲜活内容，做到知行合一，践研不悖。下面略去讲授内容与相应知识点，简要介绍课程在建党百年题材中的训练成果。

一、《太行风骨》

作者：刘昕然，潘追追；专业：建筑大类；指导教师：王鹤。

教师点评：

（1）优点。《太行风骨》这一作品同样选取了对自然风貌进行框架化改造。既能表现原有形象，又有效降低成本、占地、风阻、成本，实现公共艺术设计创新方法在大规模公共艺术设计布置上的独特优势。作者将作品选址定于中国革命史中具有重要意义的太行革命根据地。在精神意义上，选取太行中具有重要特点的五指山，并借助过去、现在的区别来反映中国革命的重要历史意义，从主题立意上突出显著，当然也需要结合其他说明手段。在材料、工艺上也较为成熟，是完全能够实现的。

（2）不足。作品也有仍需改进之处，这也体现出本科一年级同学比较普遍的问题，即作品与环境的关系不够完善和成熟。现有的形式与如此重要的交通流线进行统一布置会带来较大的交通隐患。货车、超宽超限等特种车辆经过会有更大的障碍。总体来说，与交通空间进行公共艺术一体化的布置，最好是顺应交通流线而不是进行横向布置，从而降低作品与环境的矛盾，实现更长的艺术寿命与物理寿命，能够在体现建党百年思政融合的同时，实现社会效益的双丰收。（见图8-1、8-2）

图 8-1 太行风骨 1

图 8-2 太行风骨 2

二、《浪涌百年》

作者:段泓如,于潇雨;专业:建筑大类;指导教师:王鹤。

教师点评:

(1)优点。《浪涌百年》在设计方法和形式构成逻辑上有独到的创新之处。与现成品、二维、像素化等大家广泛使用的手法不同,该组作品使用的是较为传统的构成手法。构成,即不出现具体的形象,只是通过基本元素之间的组合来实现所要表达的主题和情感意义。形式直观,效果突出,特别适合与现代都市环境进行搭配协调。但是由于没有具象形象,在表达较为深刻的思政融合上往往存在一定的困难。世界范围内利用构成手法表达深刻社会意义的成功作品是柏林的《柏林结》。该组作品使用构成手法，一方面要表达自身的主题，另外一方面还有一定的生态意义，即能够运用回收的废旧金属材料进行搭建，节约成本，保护生态。在形式逻辑和思政融合上，作品实现了两者的统一，利用多组不同的布置呈现海浪不断向前翻涌的形象，以展现无数仁人志士为了祖国的发展贡献力量，才有中国今天成就这样一种突出醒目的视觉效果。

不仅如此，在具体的设计当中，同学们成功运用了成组使用的方法来提升工作量，特别是提升构成作品的设计复杂程度，即运用不同形式的金属管材，搭建成晨波、破浪、盛潮三组作品，三组统一搭配，反映出中国建党百年中兴起、坎坷发展和改革开放后，迎来国家蓬勃发展这三个不同的阶段。在具体的构成上，充分运用了建筑设计的手法，通过空间给人造成的心理感受来实现自身积极向上的艺术主张。总体内容较为丰富和复杂，构成形式优美，并具有一定的生态属性。在一年级同学的作品当中，殊为难得。

（2）不足。需要注意两点不足，第一是完全的构成作品，要想成功表达思政融合，还需要与具有特定意义的地点进行结合，或借助多媒体标牌等信息展示手段来辅助说明。第二，废旧钢材的使用在具有生态意义的同时，也要注意对边缘锐角进行包裹，以避免安全隐患。（见图 8-3、8-4）

图 8-3　浪涌百年 1

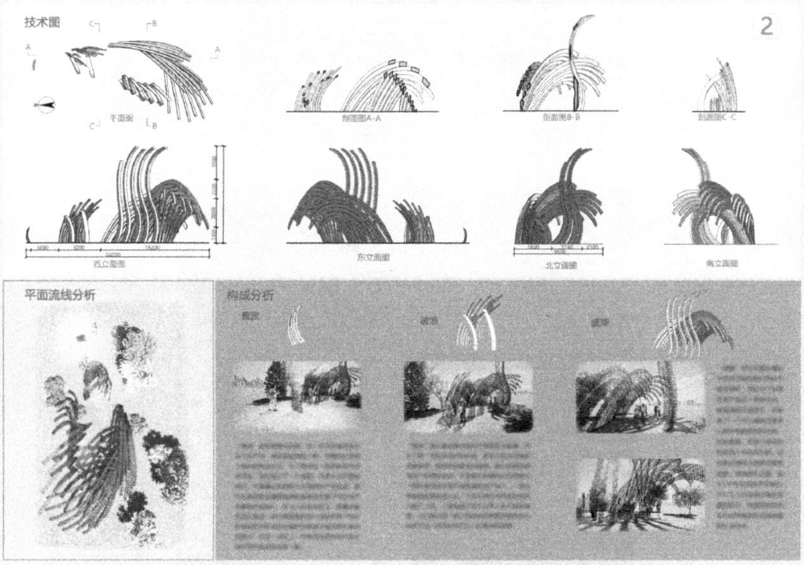

图 8-4　浪涌百年 2

三、《今朝往昔》

作者：张嘉锡，何宇杭；专业：建筑大类；指导教师：王鹤。

教师点评：

（1）优点。《今朝往昔》这件作品使用了操作性非常高，使用广泛的二维剪影设计方法，通过八个最具有代表性的历史阶段，结合柱廊等特定建筑环境，利用茶色不锈钢镜子产生反射，来实现休息游览区的特点，特别是对年轻一代进行党史教育有重要意义。还融入对剪纸等传统文化的借鉴。对二维剪影的手法，使用成组布置使用的方法，化解了二维剪影单体运用较为单薄的弱点，丰富了整体的工作量，形成了历史的厚重感。剪影手段与环境结合紧密，节省占地空间，节省制造成本。同时，落地性好，适合与其他类型的公共艺术综合使用，以进一步提升党史教育的社会意义。

（2）不足。不足之处在于对八个具体图像的表达相对简单，应该是选用了现有绘画进行剪影处理。在实际制作中进一步提高成本，同时还需要与其他多学科专业人士协作。可以尝试自行进行简化相对抽象处理，从而进一步提升作品的技术含量与艺术感染力。（见图 8-5）

图 8-5　今朝往昔

四、《洪流》

作者：李致雨，边牧原；专业：建筑大类；指导教师：王鹤。

教师点评：

（1）优点。该方案使用标准的构成手法，形式简洁明快直观，呼应建党百年的历史主题。特别是此类棱角分明的构成基本元素，具有高大、壮丽、富于力量的视觉效果。红色既是革命的颜色，又是带有中国传统文化喜庆的色彩，用在这里的公共艺术设计中，往往具有醒目直观的视觉效果。

（2）不足。该作品的设计说明是渐变的构成，其实作品本身更接近于均衡构成，与渐变的形式美规律还是有区别的。方案的改进之处在于可以和光电互动多媒体等其他设计手法进行结合，以进一步提升视觉上的新颖性，增加对年轻一代的吸引力。因为，毕竟构成手法出现于 20 世纪 60 年代到 70 年代，在 70 年代到 80 年代的时候盛极一时，但近年来此手法风头已经被像素化、剪影等更为新颖的手法盖过。如何进行改革，既是世界范围内艺术家要思考的问题，也是同学们要努力的方向。（见图 8-6）

图 8-6　洪流

五、《百年广场》

作者：靳嘉辉，李佳炜；专业：建筑大类；指导教师：王鹤。

教师点评：

（1）优点。该方案超出了单体公共艺术的布置，将建党百年的主题与公共艺术的创新形式和较小尺度公共空间的一体化设计结合起来，综合运用了众多具有代表性的形式元素，如一九二一、二零二一等。综合后的作品考虑了交通流线的布置，并运用了镰刀等具有中国特色的现成品形式。渲染较为理想，气氛烘托能够很好地反映作品主题形式，元素丰富多样，寓教于乐，在展现建党百年主题的同时，还能够供游人们休闲放松。入口处的一百、齿轮、稻穗长现成品的结合，均反映了丰富多样的设计手段。

（2）不足。总体较为简单，在形象元素的统一和美感的提升上，还有很大的改进空间。（见图 8-7）

图 8-7　百年广场

第二节　校园文化

大学校园是社会文化和历史传统传承的场所，也是培养面向未来高新技术人才的重要基地。因此，校园环境作为这一人才培养的外部视觉环境，在建筑营造、空间规划，特别是细部的雕塑、公共艺术布置中，均有较高的要求。在世界范围内有许多校园建设优秀，培养高质量人才，并在国家科技文化发展中占有举足轻重地位的成功案例。因此，在训练中加大校园文化公共艺术训练，不但能够有效提升同学们对课程思政的认识，还因为校园环境是同学们天天生活的场所，调研起来较为方便，能够与众多同龄人进行广泛交流，从而有效提升训练的深度与广度，下面简要介绍五个案例。

一、《星火永传》

作者：虎朝晖；专业：管理与经济学部工程管理；指导教师：王鹤。

教师点评：

（1）优点。该方案由工程管理专业同学完成，按照通识组的训练要求，在设计上更多注重创意和对文化的思考本身。而作品也达到了比较理想的建模与排版效果。《星火永传》是对中国第一所现代大学——天津大学的历史追溯，特别考虑到其在抗日战争时期西迁等悠久的历史发展过程。作品以书和红色烛火为主要元素，尺度与所在环境契合度高，色彩鲜艳，易于理解，并且尽可能考虑到了排水、安全性等必要的要素，充分达到训练初衷。

（2）不足。作品的运用形式也可以进行更多结合像素化和结合构成的形态变化，形态会更为丰富，更适应当前的大学生审美。在模型上没有渲染，效果只能说满足要求。排版在具体形式上还可进一步推敲以提升感染力。（见图 8-8、8-9）

图 8-8　星火永传 1

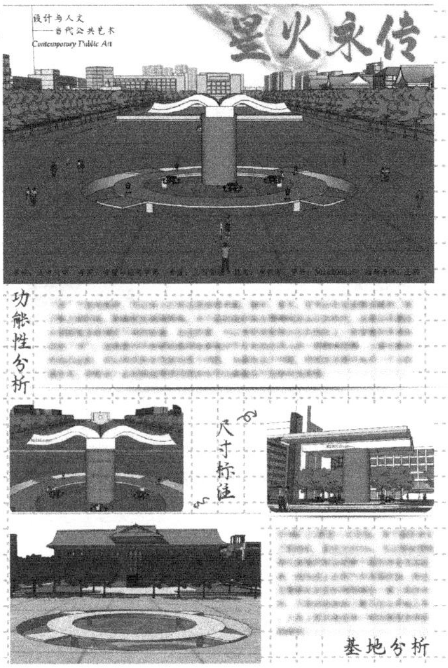

图 8-9　星火永传 2

二、《时间》

作者：张旖；专业：机械设计与制造；指导教师：王鹤。

教师点评：

（1）优点。方案思路新颖，以人们最为熟悉、每天都紧密联系的时间作为主要的出发点。在总体思想上，强调同学们迈入大学生时间规划的重要性，与校园生活紧密联系，使用手工模型方法，充分借用棱镜光学原理，营造奇幻视觉美感，并能安排同学们和游人从中穿越，人体工程学合理，色彩尺度均较为得当。

（2）不足。整体对通识为主的同学来说，达到了综合较高的水平。当然如果从专业角度要求来看，两张图纸的搭配关系，以及内部的信息传达序列还可以更为清晰完善。（见图 8-10、8-11）

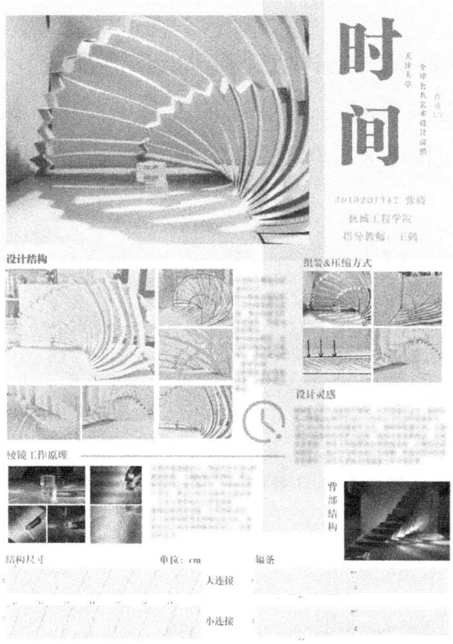

图 8-10 时间 1

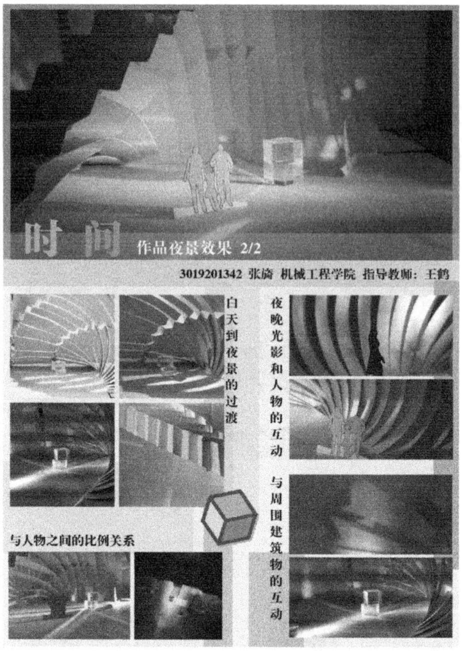

图 8-11 时间 2

三、《天大之美》

作者：吴昭廷；专业：环境；指导教师：王鹤。

教师点评：

（1）优点。该方案选址于天津大学校园内，其成功采用了二维公共艺术设计手法。用视错觉的方法将天津大学的校训“实事求是”与天津大学建校的年份“1895”成功融合。从正视图看是“实事求是”，从左视图看是“1895”，利用空间错落的手法，营造出不同的视觉观感，体现出较为复杂的设计风格。在人体尺度和与环境的关系上，结合比较合理。工艺，材料等问题相对便于解决，成本也可以控制。

（2）不足。可以适当通过提供乘坐功能来安排人们休息，还可以通过环境一体化的设计来限制人们的观赏角度，使人们正好能够看到“实事求是”或是“1895”字样，从而达到与环境更好地结合，突出校园文明建设。图纸表达也可以更为紧凑，两张图有主有次即可。（见图 8-12 至 8-14）

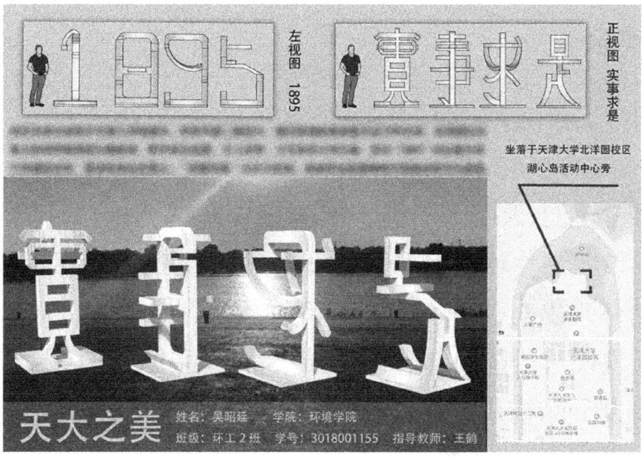

图 8-12　天大之美 1

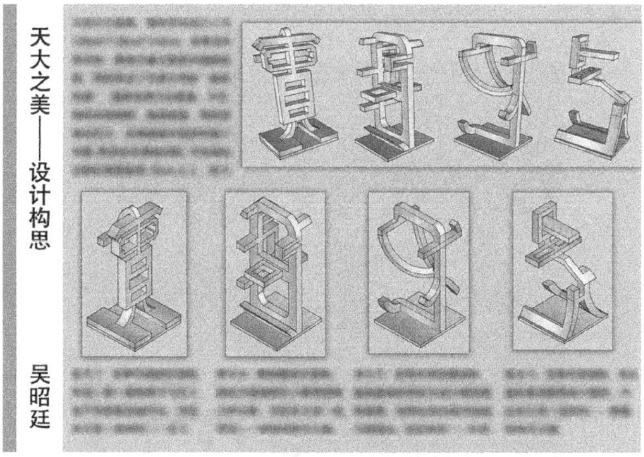

图 8-13　天大之美 2

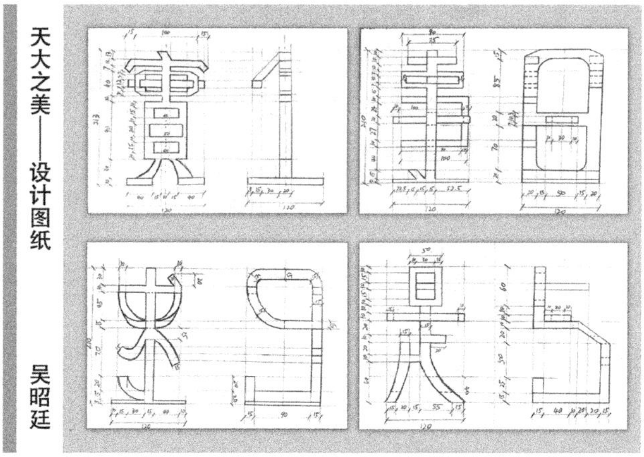

图 8-14　天大之美 3

四、《太极之规》

作者：夏雨；专业：工程动力；指导教师：王鹤。

教师点评：

（1）优点。模型选址于天津大学北洋园校区郑东图书馆这一同学们较为熟悉的场所，且能够代表大学校园文化环境，位置较为理想。作者能够使用现成品手法，并进行适当的色彩变化，成功体现出对课程所学和视频讲授内容有较深的了解，且通过太极与作品本身的结合，实现现代与传统的结合，值得鼓励。作品提供了交通路线，人们可以穿越其间，同时可以提供部分结构供人乘坐、休息以及提供光源，具有功能性，这些都成功反映出作者对于课程内容的深刻理解。

（2）不足。相对需要改进之处在于太极本身与地面的连接度相对较为狭窄，结构上较为脆弱，图纸表达过于简单，多次改进也不甚理想。（见图8-15）

图8-15 太极之规

五、《厚德载物》

作者：田宇；专业：通信工程；指导教师：王鹤。

教师点评：

（1）优点。该作业由通信专业的田同学完成，他熟练运用建模技术，采用二维图像拉伸手法，主题引入中华古籍《易经》名句，成功体现校园文化精髓，体现立德树人宗旨，同时兼具校园大门的实用功能，实现有限投资广泛收益，符合大学校园硬软件建设原则，充分体现训练成果。

（2）不足。在实现校园景观和文化传承作用外，还可以进一步通过幽默形式、色彩调整来活跃气氛，使作品更年轻化，这无疑是对作者提出的更高要求。（见图 8-16）

图 8-16　厚德载物

第三节　人文主题

综合主题公共艺术设计题材比较广泛，重点是关注各种社会现实问题。比如当前熟悉的提笔忘字现象、城市扩大发展引起的城市病现象、在基因编辑技术发展当中的伦理问题等，综合体现了同学们对于社会问题深刻的关注以及较深的综合素养。这部分训练从设计形式上比较灵活多样，包括反射、声光电、能动等。下面简单列举一些案例。

一、《自由的风》

作者：任云鹏；专业：自动化；指导教师：王鹤。

教师点评：

（1）优点。该创意训练作品出自自动化学院同学之手，体现出当代公共艺术者跨学科的鲜明特点。方案总体呈花型，寓意“伊甸之果”，形式感比较优美。但该方案最大的特点是技术含量较高，设计了平时随风转动，利用压力感应器感应到不同方向上游客的接近，采用不同算法，根据人流的方向、停留时间和人数差异制定不同的运动方式。无人时则可随风运转。方案互动性强，为能动公共艺术插上了翅膀。

（2）不足。设计说明有些画蛇添足，寓意和形式的结合比较牵强。另外，简单的布置在水池中的确提升了安全性，但也提高了维护难度，因此结合环境一体化设计应当是作者今后努力的重点。（见图 8-17）

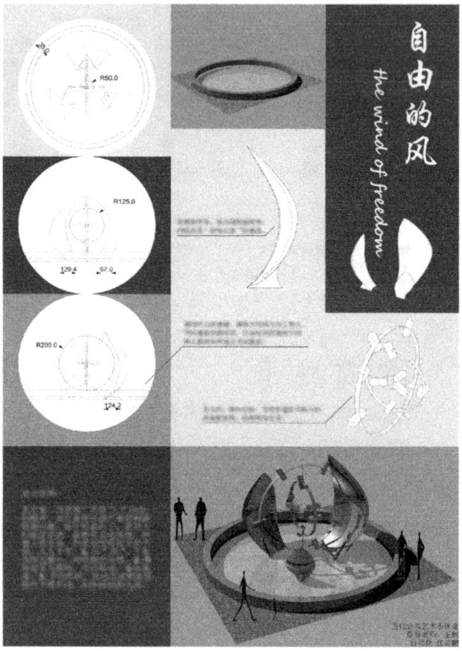

图 8-17　自由的风

二、《牵挂之荫》

作者：郭雅洁，刘若男；专业：建筑大类；指导教师：王鹤。

教师点评：

（1）优点。家庭是组成社会的细胞。只有家庭健康，社会才能健康发展。在传统公共艺术设计中往往更多偏重家庭组成关系中的不同部分，比如亲子导向的设计、适老性和无障碍的设计。如何能够突出不同年龄段，也就是家庭中代际成员之间的合作，需要作者对这一主题有较深刻的认识。该方案出自年轻学生之手，能够运用具象元素的抽象化处理反映出这一时代主题，思想较为深刻。同时在人体工程学尺度上设计基本合理，能够起到遮阳避雨的效果。

（2）不足。相对不足之处在于方案观赏角度受限，游客只能从两侧观看。在实现了社会主题之后，作为道路沿线的座椅，制作成本相对较高。当然，如果能够批量生产普及，则可以降低单件成本。作者也考虑到了使用和回收环保的木质材料这个问题，有待深化。

(见图 8-18)

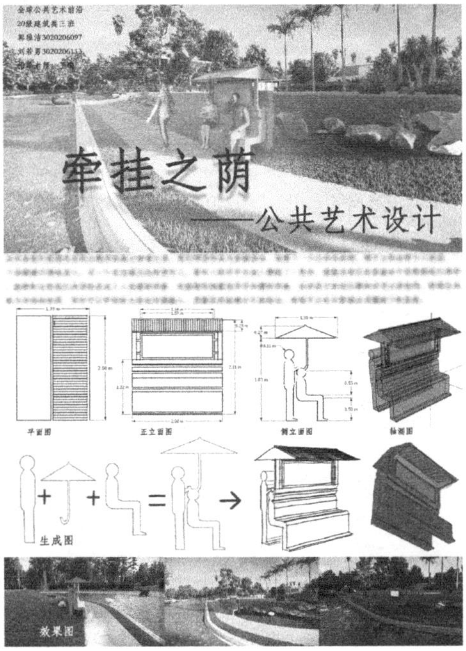

图 8-18　牵挂之荫

三、《溯源》

作者:张汉振;专业:土木工程;指导教师:王鹤。

教师点评:

(1)优点。该方案巧妙地将最常见的可再生资源,废物利用的对象——可乐易拉罐进行意象化处理,将形式与原生态材料的使用合而为一。对于木材和铝材都进行了二次利用。雨水采集装置又使作品在遮阳之外,具有了其他的主题功能。形式优美,与环境契合关系合理,并能提供充足的功能,成功实现唤醒人们环保意识的设计初衷。

(2)不足。问题在于如何能够将可乐易拉罐的形态与可回收再利用联系起来,而不是与对这一品牌的广告效应联系起来,还需要作者结合其他多媒体表现手段,或前期宣传导向加以改变。另外,多个相同结构布置,相互之间要适当注意高低错落。作者注意到了这一问题,但是如何通过图示语言标识区分规格,以及准确的尺度是多少,这是后续需要改进的方向。(见图 8-19)

图 8-19　溯源

四、《失落的“笔”》

作者:郭朝;专业:测控技术;指导教师:王鹤。

教师点评:

(1)优点。该作业由测控专业同学完成,他在零基础的程度上取得如此效果,充分达到训练效果。方案从课程思政入手,采用少有人关注的“提笔忘字”问题展开表述,发人深省。作者较好地掌握了现成品设计中如何与幽默相联系,如何通过元素的合理使用为人们提供休息、游玩等相应的功能。掌握模型渲染技巧,视觉效果突出,同时形式优美,与环境结合紧密,图纸表达达到专业水平。

(2)不足。该方案的缺点并不明显。如果需要深度改进,建议四周使用的卷笔刀可以考虑与交通流线和人流密集的区域有所联系,以提高利用率,提高作品的人气。(见图8-20)

图 8-20　失落的“笔”

五、《读书》

作者:倪昕媛;专业:工程管理;指导教师:王鹤。

教师点评:

(1)优点。该作业由工程管理专业一年级同学完成,作品表达了鼓励阅读的主题,充分实现课程思政建设目标。作图采用 SU 软件,自学难度高,值得鼓励。作品形式优美,功能合理,人体尺度理想。

(2)不足。不足之处主要在于作品形体单薄,建造时需要增大厚度,才能使结构更为合理,图纸表达可以更为紧凑。(见图 8-21、8-22)

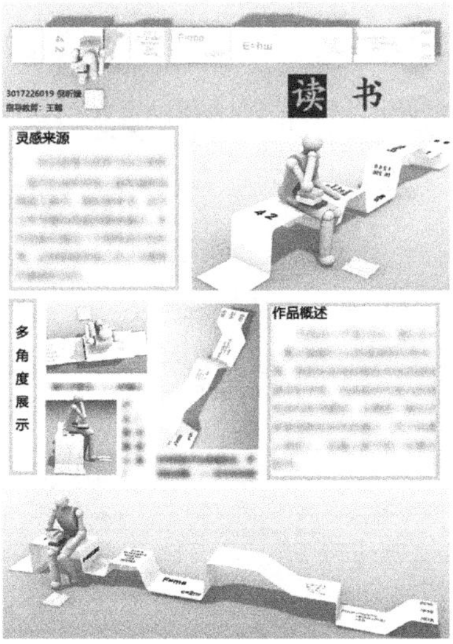

图 8-21　读书 1

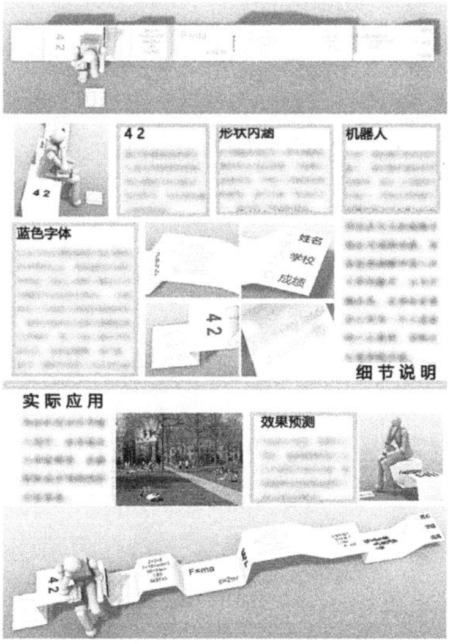

图 8-22　读书 2

第四节　生态主题

生态，是公共艺术设计中历久弥新的主题。但是，在不同时代的变化下，生态主题总会焕发出新的生命活力。虽然比系列课程在之前“生态公共艺术”课中专题论述了如何借助技术，如何通过警示，以及如何通过原生态材料的使用来实现生态艺术的主张。但是，随着国家提出双碳目标以及推进五育并举，本课程要求全体大学生从自身专业出发，重新去认识生态，并且能够通过调研、建模以及图纸表达将自己的意图展现出来。如果条件允许，创新创业主题将是今后设计训练的重点。

一、《绿的秘境》

作者：郭子航；海洋学院；指导教师：王鹤。

教师点评：

（1）优点。方案采用这种传统迷宫的手法，为游客营造丰富的视觉体验，是一种比较传统但历久弥新的设计手法。能够将绿色植被融入作品中，进一步提升其生态属性，充分达到设计训练效果。同时，图纸效果充分，图文边缘对齐，在通识组同学中殊为难得，显现出作者对课程视频所学的扎实程度，以及从期中到期末作业训练的一脉相承。

（2）不足。方案的不足之处主要在于：迷宫设计还需要对人体工程学，特别是环境行为心理学有更深刻的认识。所有的墙体似乎都略高，容易产生心理不适。可增加底部灌水等功能，一方面起到了提升活跃度的目的，另一方面也增大了工程的复杂性，提升了维护难度。改变墙体高度的设计思路是可行的，也符合当前设计领域模块化的原理，但是如何改变？是通过升降还是通过更换墙体？作者并未交代。（见图8-23、8-24）

图8-23　绿的秘境1

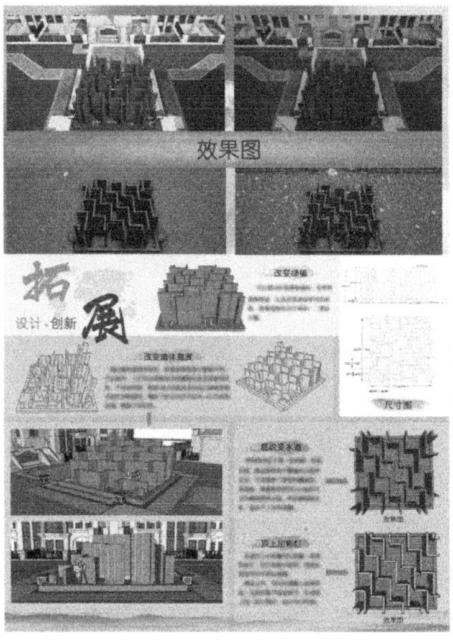

图8-24　绿的秘境2

二、《纸愿》

作者:任志明;专业:环境设计;指导教师:王鹤。

教师点评:

(1)优点。该作业由环境设计专业的任同学完成,他以常见的卫生卷纸为原型,利用现成品设计手法实现环保主张,属于从生活中寻找设计灵感的典型。方案本身尺度适宜,功能合理。

(2)不足。不足之处在于主题应当进一步升华,将形式和主题之间的联系进一步明晰。另外,如此大的幅面没有进行任何其他的利用显然是浪费,在阳光强烈的时候还较为刺眼,会成为光污染的来源。建议在成本允许的情况下可以与多媒体展示有所结合,播放环保或其他宣传内容,或采用易清洗的手段,将作品成为大学生适当涂鸦绘画的场所,以进一步提升环境的人文属性。(见图 8-25)

图 8-25 纸愿

三、《苗圃》

作者:王立尧;药学院;指导教师:王鹤。

教师点评:

(1)优点。该方案以现实功能提供为主要出发点,以天津大学内的现实环境为主要基地,充分针对大学生广泛且普遍的休息需求。作品以植物仿生为主体,充分运用生态材料与工艺，结合人群交通流线与环境行为心理学基本理论，创作广泛的座椅矩阵。充分实现场地及主要适用群体——大学生的要求。细节充分，生态属性强，改进空间不多。

（2）不足。该方案不足之处在于，作品所选用的植物如何能够与所在学校的人文氛围有所结合？可以进一步提升形式运用与场地文脉之间的联系。（见图8-26、8-27）

图8-26　苗圃1

图8-27　苗圃2

四、《树荫之下》

作者：武素羽；海洋学院；指导教师：王鹤。

教师点评：

（1）优点。该方案主题是针对森林、林地保护现状提出。相互插接的单一元素为森林保护人员提供传统木屋所具备的，功能具有显著的生态意义，且具有对林地适应度高等优点。作品本身形式美观，建构逻辑性强。

（2）不足。需要看到这种基于建构的手法实用性。作者对于灵感来源与制作过程也缺少进一步详尽的阐释。（见图8-28、8-29）

图 8-28　树荫之下 1

图 8-29　树荫之下 2

五、《莲池》

作者：贺雅然；专业：环境设计；指导教师：王鹤。

教师点评：

（1）优点。该方案较为准确地使用了植物仿生原理，属于植物仿生专题训练的组成部分，在形式上使用了荷花、荷叶等准确的植物形式。充分考虑到人体尺度，在材料上准确运用了光伏电池板，以提升材料的清洁来源属性，并且能够运用当前绿色建筑的相应标准来提升设计的技术含量。灵感来源较为准确，功能相对合理，场景布置在保证不阻碍交通流线的情况下较为合理。配色选择相对多样，考虑到了量产和普及的原理，并且能够与中国传统诗词有所联系。

（2）不足。改进之处在于，图纸表达在字体、字号上有诸多不合理之处，也反映出一年级同学在训练上还有进一步提高的空间。作品在植物仿生设计中，更偏向于准确模仿植物的形态，而对其具体设计制作缺少考虑。目前的形式部分结构较为脆弱，部分结构边缘较为锋利。在具体设计制作的时候，还需要进一步完善改进。（见图 8-30、8-31）

图 8-30 莲池 1

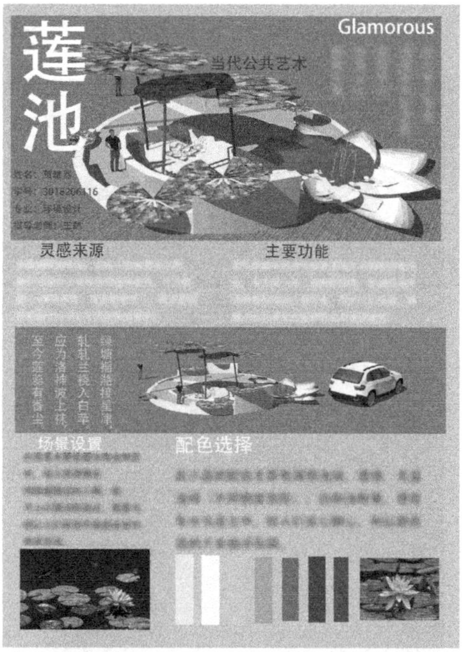

图 8-31 莲池 2

第九章　从学习者反馈看课程思政教学效果

本章以学生为中心，利用文字反馈的方法反映出课程教学的效果、取得的成绩以及部分需要在今后进一步加强解决的问题。通过对数百位同学的体会分析，现挑选了三个方向中的30份最富有代表性的体会加以展示，重点反映出课程思政建设的三方面育人效果。

第一节　文化与艺术有机结合，深化认识中华传统

经过一学期的学习，教师通过课程思政目标设定与内容设计，将中华优秀传统文化与公共艺术设计有机结合，加深了学生对传统文化的认识，特别是中华传统文化。下面是同学们对课程的真切反馈。

序号 1	3 018 204 103	卢曦	管理与经济学部

“设计与人文——当代公共艺术”这门课程给我最大的感受是它不仅仅局限于课堂，它通过互联网技术的媒介，利用中国MOOC、知到、学习通等APP，拓宽了学生学习知识的来源，为学生提供了不同的思维视觉理念，让人脑洞大开。这使得包括我在内的同学们认识到了学习的魅力，让我们的学习从课堂延伸到课堂外，培养了我们终身学习的理念。同时这门课程不仅局限于公共艺术的知识，还通过公共艺术的知识联系到了中国传统文化，通过对中国传统公共艺术的介绍，让我们认识到了中国文化的博大精深，这激发了我们的民族自豪感，使我们更加热爱我们的祖国。（见图9-1）

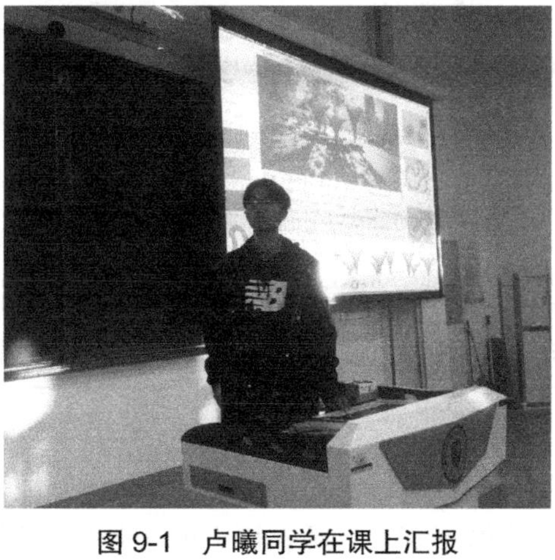

图 9-1　卢曦同学在课上汇报

序号2	3 018 201 209	张梦溪	自动化学院

很幸运能参加本学期的当代公共艺术选修课的学习。

虽然我是一名工科生，但对建筑制图等方面也有着浓厚的兴趣，这也是我选择公共艺术选修课的初衷。更令我感到惊喜的是我们的上课方式与其他常规课程有所不同，可以说是别出心裁的创新。首先我们上课采用电子签到的方式，既省时省力，又提高了学习效率。选修课的弊端是上课周期长、资料缺乏，因此一些选修课不能达到良好的教学效果，而这门课程采用在慕课平台上放置课程资料的方式，既可以方便我们预习、复习，也可以让我们在完成作业的过程中及时查阅资料，提高作业完成的质量。谈到小作业以及大作业的完成，就不得不感谢老师的帮助，我们可以通过与老师一对一的交流来不断完善自己的方案，深化自己的理念。

总的来说，这个学期的选修课让我受益匪浅，我对于公共艺术有了一定程度的了解，并能结合自己的想法简单地设计一些方案，同时也对于美学有了初步的了解。

最后，衷心地感谢老师一个学期的教导！

序号3	3 018 209 423	刘瑶	信息管理与信息系统

通过对当代公共艺术课程的学习，新颖的课程思政的学习方式让我很感兴趣。在课堂学习的同时穿插思想政治的内容，老师不是强硬地将思想政治的理论灌输给我们，而是将这些知识融入课堂，与课堂的教学内容相结合。在课堂上，老师带我们了解了非常多的公共艺术作品和其他同学设计的优秀艺术作品，不论是《阻隔》对贸易战的思考，《斗拱》对中国传统文化的重视，还是《空气集水》等运用动植物仿生技术实现多种功能，我们的作业设计主题不论是弘扬传统文化，还是对现代生态和环境保护的关注，以及对国家一些当前形势的关注，设计出针对社会发展问题的一个可行的方案，充分将我们自己的想法通过艺术设计的形式与国家的发展更好地结合起来。

序号4	3 018 209 007	莫祖精	管理与经济学部

这个学期很幸运能选到王鹤教授的“设计与人文——当代公共艺术”这门混合式教学的课程思政精品课。在本课程的学习过程中，王老师结合国家政策，新设置了多个相关的专题课，让同学们在学习公共艺术的同时也能了解到国家的一些现行政策，让同学们更好地设计出对社会有价值、有内涵的好作品。透过古今历史，与古人同游艺术瑰宝；阅览国内外艺术，于平凡处创新，鉴赏五千年历史文化，并为其设计“宣传海报”。很感谢王老师给我们带来如此优秀的一门课程，开阔了我们的艺术视野，愿这门课程越来越好。

序号5	3 016 201 242	张文杰	工业设计

我真的很喜欢这门课程。我一直都很喜欢艺术，但是一直没有接触过公共艺术，也从未尝试过大型设计，担心自己做不好。老师在课上的旁征博引深深地打动了我，让我感觉

我也可以去尝试。我非常喜欢传统文化，可以尝试将传统文化和设计结合，明月是古典诗词中常用的意象，我试着把“月”放入设计之中，如何将“月”合理地引入呢？我想到了灯塔，灯塔一直都有“希望”“光明”的意象，是港湾的象征。故乡是每个人的港湾，我们长在故乡，长大了逐渐离开了故乡，但无论走到哪里，听到乡音都会感觉到亲切，回到故乡都会感觉到温暖。“一年将近夜，风雪夜归人”不就是千百年来中国人最深切的执念吗？无论走到哪里，故乡永远是我们的港湾，而我们这些游子也因为有了故乡而不至于“浮云柳絮无根蒂”。

我把故乡的首字母作为我创作的主元素，方案整体采用玻璃材质，在夜晚增加折射感，突出灯塔的作用。在最上方以及中间放入月亮球灯，晚上像一轮冷月般竖立在黑河之上，给了游子些许慰藉。我在玻璃上加入了水墨元素，其中包含了黑河的名字。

最后，我要向老师表达歉意。慕课上现在已经不能发表评论了，错过了老师的精彩回复，在此表示歉意。很感谢老师一学期以来的辛劳，期待这门课可以为更多学弟学妹们带来知识。

序号 6	3 018 001 693	卜惟佳	数学与应用数学

经过这一学期的“全球公共艺术设计前沿”课程学习，我收获颇丰。在课程中我了解到了公共艺术发展的门类和趋势，但更重要的是，通过这门课程的学习，我的思政觉悟得到了提高，对于很多问题都有了更深入的理解。

公共艺术不仅仅是一个艺术品，它可以被赋予许多深刻的，与中国传统文化、社会主义核心价值观相吻合、贯通的主题思想，从而向社会大众传播文化与正能量。

课堂上，老师的教导使我受益匪浅。我在自己的大作业中，也将作品名选取为《智圆行方》，寓意思维缜密，行事有法度，力求将传统文化中的优秀思想融入艺术作品中。（见图 9-2）

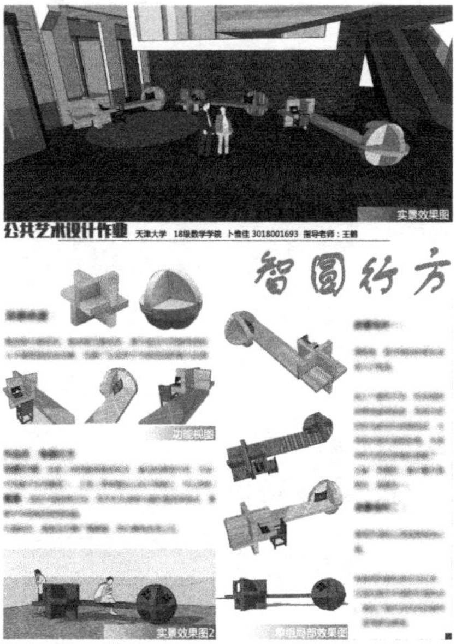

图 9-2　卜惟佳同学的训练成果

序号 7	3 018 201 038	杨墨涵	工业设计

文化内涵是公共艺术的核心，像奥登伯格的《掉落的甜筒》，他融入了德国哥特式建筑文化，作品才意味深长。不同的地域有不同的文化，而悠悠千年的中华文化博大精深，中华儿女的文化自信与日俱增，像服装、工业产品都掀起了国潮。通过“全球公共艺术设计前沿”的课程思政示范课，我感受到，中华传统文化会激发出公共艺术设计的更多灵感，使文化迸发出新活力。正是古为今用、推陈出新，以公共艺术这种新的方式传承并传播中华文化将成为新的潮流。我在课上还学习到将中华文化融入公共艺术作品的方法，引导我去思考如何融合、怎样表达，付诸实践还需要更多的思考与学习。

感谢王鹤老师精彩的授课与耐心的指导，使我受益良多。

序号 8	3 018 205 301	王祎翔	水利水电工程

我们在知识的汪洋大海中前行，课程思政就好比船帆，引领我们的学习之船向更优秀的前方驶去。

王鹤老师主讲的“全球公共艺术前沿”课程的课程思政，为我们扬起守护优秀民族文化之帆。记得老师在讲授艺术设计的时候，总是引导我们将艺术与我们传统文化相结合，积极挖掘我们民族文化内涵，为我们扬全球视野和家国情怀之帆。王老师博学多识，在讲相关知识点时，总可以引出国内外的相关知识，让我大开眼界，学习到更多知识。

王鹤老师为我们付出了很多，我们的作业都由王老师亲自批改，他也经常在线上线下与我们互动，指导、鼓励我们积极探索，追求卓越。

潮平两岸阔，风正一帆悬，学习之船扬帆前行，逐梦奔跑、未来可期！（见图 9-3）

图 9-3　王祎翔同学的训练成果

序号 9	3 018 211 022	刘若宸	英语

习近平总书记在全国高校思想政治工作会议上强调，要用好课堂教学这个主渠道，各类课程都要与思想政治理论课同向同行，形成协同效应。

我校开展的“全球公共艺术设计前沿”这门课程正是对该提倡的贴切展示。王鹤教授将当代中国传统文化和全球艺术相结合，为我们拓宽视野，提高了我们的艺术赏析水平，对当代国内外公共艺术有了更深切的认识与体会。艺术源于生活并进一步高于生活，课程所蕴含的知识与涵养对于我校学生来说实属重要。

序 10	3 018 225 065	郭禧龙	汉语言文学

思政元素的融入，是“全球公共艺术设计前沿”课程的一个亮点，让我很有收获。

公共艺术设计融合了先进科技、先锋文化，是艺术设计领域极先进的一个方面。而思政元素的加入，使我们回顾了传统文化，重视了环境污染问题，也对日新月异的科技发展引发的社会问题进行了反思。

作为一名大学生，我意识到知识不是教育的唯一目标，甚至也不是首要目标。提高自己的思想水平，完善自己的人格，更好地和自然、社会相和谐，往往才是一个人的价值所在。

因此，课程思政的开展尤为重要。在王老师的精心设计下，课程设计价值取向正确，形式丰富有趣、思辨性强，让人受益匪浅，非常期待有机会和大家再次在课堂上相会！（见图 9-4）

图 9-4 王鹤老师在课后回答同学们问题

第二节　教育与审美无缝对接，思政融入无声留痕

通过同学们的反馈可以看出，精心的课程思政教学设计使学生对“课程思政”有了进一步认识，将思想政治教育自然地融入公共艺术设计的课堂教学中，增强了思政内容的亲和力和传播力，起到了潜移默化中立德育人的效果。

序号1	3 018 209 008	王铮	工业工程

首先，我在课上明白了课程思政是什么。课程思政是指以构建全员、全程、全课程育人格局的形式将各类课程与思想政治理论课同向同行，形成协同效应，把“立德树人”作为教育的根本任务，这非常有意义。

其次，王老师的课堂无时无刻不融入课程思政，我对此深有体会和感悟。老师秉承了课程思政文化育人、实践育人的理念，教学特点可以使我们不仅得到艺术和设计能力的提升，还对我们的身心发展起到了不可小觑的积极影响。不得不提，这表面上是一门课，实际上我收获了三门课：设计与人文——当代公共艺术设计、全球公共艺术前沿和环境理念的建立。这也深刻地反映出对课程思政中第一、二课堂和网络空间之间这一理念。

王老师为每个人的作业思路进行讲评，也为我的大作业思路进行引导与指正，对此我受益匪浅，深表感激，想必这是课程思政的精髓所在吧！

序号2	3 018 209 267	田瑞宏	保密管理

在课堂上，我了解到什么是课程思政，一开始觉得老师不仅是传授知识，还要引导我们的价值观，但设计与人文的课堂毕竟不是思政课，让课堂与思政课同向同行，是最好不过的办法。“课程思政”是指高校教师在传授课程知识的基础上引导学生将所学的知识转化为内在德行，转化为自己精神系统的有机构成，转化为自己的一种素质或能力，成为个体认识世界与改造世界的基本能力和方法。通过一学期设计与人文课程的学习，我发现自己收获了很多，成长了很多，自己对待事情更认真了。与以往不同，如今我竟然会认真地听完每一节选修课，并能认真按时完成作业，自学能力有了较大提升。不同于思政课程，课程思政更具有亲和性和针对性。

总之，通过本学期课堂的课程思政，我不仅学到了知识，更是大大地提高思想政治方面的觉悟，实现了润物细无声的隐形教育。

序号3	3 017 234 121	张思宁	自动化

这学期我很荣幸能够参与王鹤老师的公共艺术课程。这门课程在每个细节中蕴含了“课程思政”的精神，让我和同学们感受到了自己能力的提高和情怀的培养。

课程思政，重点在思政。公共艺术设计的主题中无论是环保与植物仿生还是传统文化，无不体现着对于家国文化、经济等各领域的关注。老师从材质选择的经济型、空间的

节约性、创意的深化等各个方面教导我们从具体的方面让公共艺术成为一个功用与意蕴并存的综合体。这其中体现的当然是实事求是、脚踏实地的匠人精神和不拘一格、大胆布局的大师精神，正与“思政”这二字不谋而合。

这样的思政并没有流于形式。老师对小作业的大量现场点评、严格的质量把控、一丝不苟的教学态度、往届优秀大作业的展示乃至寓教于乐、风趣幽默的讲课方式，无不在吸引我们的同时使我们获得了大量的技能与学识（SketchUp 等建模软件以及渲染软件的应用、公共艺术的相关知识），在“思政”的同时培养我们自主“思政”的能力，我从中学到了很多。能够用创意去引发大家对于社会问题的思考、对传统文化的关注，让我感觉到自己的思想境界在提高。非常感激老师帮我推开了公共艺术的大门，让我了解这样一个有趣且富有意义的课程。

序号 4	3 018 234 243	焦昱昊	电气工程及其自动化

这一个学期，我们完成了公共艺术课程的学习，同时老师在课程中也加入了课程思政的内容。这是我第一次接触课程思政这个概念。

我认为，课程思政是大学思想政治建设的一项重大进展。由思政课程，到课程思政，是思想政治建设由点到线，由线到面的过程。思想政治教育，由原来的思修、马原、毛概扩展到各个课程，实现了思政教育的思政课，选修课，专业课三位一体，全方位，多角度地提高了大家的思想政治素养。

这一学期的课让我受益良多，公共艺术不仅仅是艺术修养，还包含了人文情怀，提高了我对社会热点的关注度和思考能力。

希望以后公共艺术课程的课程思政内容越来越丰富，越来越有意义。

序号 5	3 018 202 363	康瑶函	光电信息科学与工程

本学期选修的这门公共艺术课程使我受益匪浅，我将谈一谈对于课程思政在本课程学习中的体会。

本门课程在传授基本的公共艺术的知识的同时也起到了思想政治教育的功能。本门课程紧紧围绕着时代核心价值观。例如在课程的生态公共艺术和植物仿生的学习中，就紧密结合了中国目前的环境现状和环境问题，通过各种手段达到环保的目的，改善环境以及对资源的充分利用；还有在二维剪影章节的学习中，这种艺术是外来的，传到中国就要依据中国的环境特点来进行创新发展；还有本课程的传统文化章节，让我们不仅了解了传统文化的相关知识，还学习了如何进行关于传统文化的公共艺术表达……总之，在本门课中学到了很多知识，也对我的观念起到了精神引领的作用。

序号 6	3 018 209 117	段登峰	工业工程

这学期非常开心也非常幸运能选到王鹤教授的“设计与人文——当代公共艺术”这门具有混合式教学特点的课程思政课程。通过中国大学生慕课的平台以及课堂上的正

常教学，王教授将当代网络科技与现代教学相结合，极大地提高了教学效率，增强了同学们的学习激情。同学们能够在网络上充分思考讨论课程中的问题，线下课程中王老师再点拨一二，使我们对于当代公共艺术的理解更加清晰、准确，也更加透彻。与此同时，我在王教授的课程教学中也深刻感受到了“立德树人”的教育理念，在课程中将思想政治理论的思想融入其中，让我们对当代公共艺术的理解更有深度，自己的作品也更加有内涵。非常感谢王教授能为大家提供这样一节优秀的课程，给了我们一个学习的机会，希望这门课能越来越好！（见图 9-5）

图 9-5 段登峰同学的训练成果

序号 7	3 017 201 117	赵鹏程	机械设计制造及其自动化

我第一次接触课程思政是在入党实践中采访曹树谦副院长了解到的。课程思政在我看来，主要是通过老师在教学过程中，潜移默化地融入有关家国情怀的思想，引导学生形成正确的学习态度和政治思想。

这学期通过选修王鹤老师的“全球公共艺术设计前沿”这门翻转课程，王老师在教学和布置作业中，体现了课程思政的内容，比如对于传统文化的思考、对于智能手机的反思等，一方面可以吸引学生的听课注意力，让学生感兴趣，另一方面让学生对于问题有了正确的认识，做到了润物细无声。

序号 8	3 017 234 086	张艳	机械设计制造及其自动化

学习了本课程以后，让我对公共艺术有了更深的理解，对身边的公共艺术作品有了新的看法。在没有上这门课以前，公共艺术对我来言只是一件放在公共区域并不会引起

我多大的关注的东西,最多就是和朋友或同学一起讨论哪个好看又或是哪个不好看的无聊时的话题,并不会去想一些其他的东西,甚至于我根本就不知道公共艺术是干什么的,更何谈对其进行深层次的思索。在学完这门课以后,我才知道,原来公共艺术包含那么多方面,原来一件小小的公共艺术品包含了那么多知识,原来公共艺术包含的范围如此之广。在学习该课程的过程中,还开阔了我的眼界,全面拓展了我的知识范围,让我在掌握世界公共艺术经典名作,又了解该领域最新进展,保持对新理念、新材料、新工艺、新技术的敏锐感知,实现传统上需要海量时间阅读才能拓展的知识储备。老师在课上给我们展示的世界的公共艺术品是我以前从来没有接触过的 。老师讲课的内容生动形象,而且尤为吸引人,虽说每周只有短短两节课的时间,但在这短短的两节课时间里,在老师的讲解下,我仿佛自己真的站到了 PPT 展示的艺术品的前面,见证了他从设计到完工的整个过程。课堂气氛也十分活跃,我在收获知识的同时心情也是分外愉悦,从来都没有觉得选修课的时间过得如此之快,快得让我每次下课都有一种不真实的感觉。除此之外该课程还有效提升了我的艺术创意思维与艺术批评力,从而提升综合素质以更好应对快速发展的现代社会,在对公共艺术案例的鉴赏中提升了关于现代艺术、设计的审美水平与公共空间审美意识。

序号 9	3 019 201 342	张旖	机械工程学院

我作为一名理工课的学生,却对艺术有着蓬勃的热情,对审美有着超乎寻常的重视。在“全球公共艺术设计前沿”中探索到的美学与世界,是不同于理科理论之美的,它是精妙而抽象,多彩而庄重的。

在一学期的“全球公共艺术设计前沿”的学习中,我学习了公共艺术知识,扩展了艺术视野,提高了动手操作和表达能力,培养了审美素养,感受到了自我价值。

我在课程学习与设计过程中,扩展艺术视野,了解到世界公共艺术设计家们的创新思维和与生活密切融合的幽默态度以及哲学原理。世界是百花齐放的,课程中提到“百分比”计划的时候,我惊讶于对公共艺术的鼓舞与对待多元艺术的包容。无数的新鲜思想不断诞生,利用艺术表达个人观点,利用艺术激发他人想法,对社会整体起到积极的引导作用,体现出一种蓬勃的生命力量。

在课程刚刚开始的时候,我就开始思考有关大作业的问题。在每一次的课程介绍后,在每一单元的技术手段讲解完毕后,我都会结合展示的优秀范例,思考有什么自己想要表达的内容和方式。

在设计过程中,我学会了基本的手绘,虽然仅仅是简笔画,但是也大大提升了画画技能。在动手能力方面,我自学了 Sketch up 和 Lumion 两个建模、渲染的大型软件,因为电脑配置问题,甚至还学习了一部分电脑软件方面的知识。最后完成了一个还算看得过去的渲染,很有自我成就感。我想,这和所接受的“新工科”课程大同小异,课程的目的在于激发想法和产生目标，而学生所需要去做得更多是探索，自学如何达到自己诞生的想法，如何去创造它。在审美素养和表达能力上，课堂展示外，图纸表达能力也得以提升，学习和模仿了建筑展示图纸的设计，探索了不同的风格，排版和审美能力也在不断地学习过程中得以提升。在动手能力方面，我利用折纸、立体浮雕的方式制作了一个方案，将数学知识综合运用，接触到立体书的制作，颇为有趣。

虽然这不能算是一个工科课程，但它体现的积极探索、学以致用、创造思维等思考方式和课程精神和“新工科”建设不尽相同。

总而言之，对审美表达的重视，对视野扩展的需求以及对思维锻炼的需要，是我一个阶段的诉求，这门课满足了我对它的想象，留下了它带给我的改变。期待更多诸如此类课程的开展，愿艺术长存，闪烁理性之光。（见图 9-6）

图 9-6 张旖同学的训练成果

序号 10	3 019 205 251	张楷	建筑工程

由于自己本身一直对艺术创作方面有着浓厚的兴趣，但无奈不是主修这类专业的学生。所以我在本学期选择学习了王鹤老师的“全球公共艺术前沿”课程。在本学期的学

习过程中，我不仅学习到各类艺术创作手法，提高了我的审美素养，更让我了解了公共艺术创作者所承担的社会责任。

一个成功的公共艺术作品不仅要有观赏价值，能对环境起到一定的装饰作用，更要体现创作者的社会责任感，紧跟时代潮流，反映社会热点。公共艺术创作的过程不仅仅是一个抽象化思维的过程，更要兼顾其实用性、环保型，以及与所置环境之间是否融合、尺度大小等问题。综合来看，公共艺术作品是理性思维与创造力相结合的产物。

通过老师对公共艺术历程发展的讲解以及对成功公共艺术作品的介绍，开拓了我的思维，使得我在最后对于自己作品的创造过程中有了更多自己的想法。但在我看来，这种思维的影响不仅仅体现在大作业的创作中，而是更加深层次地体现在对于自我创新精神与创新能力的改变，让我更加乐于思考并享受创造的过程。

在线学习是学习方式的变革，在本学期中，课程虽然使用在线学习的方式，但对于我来说并没有对学习效果产生不良的影响，相反更增强了我学习的积极性和主动性，逐渐从传统“要我学”的被动学习思想向“我要学”的主动学习转变。线上学习的方式允许我在任何时间、任何地点进行即时的学习，所以我更把该课程的学习看作一种享受而不仅仅是为了得到学分。线上学习的方式同时可以让我反复对于一件自己很喜欢的艺术作品进行反复的欣赏与研究，这种是线下教学所不具备的，而在我看来更是艺术设计类课程所应具备的，当我在自己的创作过程中遇到瓶颈时，可以通过反复观看老师录制的课程视频而从中得到启发。线上教学让重复学习更加方便，所以我觉得对于本课程来说，线上教学的方式可能更加适合我。

在课程的学习过程中，通过欣赏优秀的公共艺术作品，以及听老师对作品多方面的讲解和点评，提高了我的审美素养，包括对于颜色的搭配、各种形状如何拼接与结合会让人看起来更加舒适、各类公共艺术创作手法和不同尺度的公共艺术更适合放在什么环境等。在最后的艺术创作中，在一次又一次和老师的交流中进一步对自己的作品进行思考与进一步完善，老师的建议开拓了我的思维，使我从框架化的思维模式中跳脱出来，在创作过程中进一步提高自我的创新能力。

我最终选择使用泥塑的方式来呈现自己的公共艺术作品，为了使作品更加美观并且切合实际，在模型的制作和反复修改的过程中，不断发掘模型特点并逐步增加对于细节方面的处理，该过程不仅提高了自己的动手能力，更提高了自己的观察和思考能力。

公共艺术作品的创作并不仅仅是“做”出模型就结束了，同时要表达出自己在模型思维和创造过程中的思考、表达出作品想要表达的主题并最终随作品一起体现在最终作业中。作业的排版体现了思维的过程，在反复地对排版的修改中提高了自己的逻辑思维能力和表达能力。（见图 9-7）

图 9-7　身着汉服的张楷同学在参与课堂讨论

第三节　国情与世情交叉包容，家国情怀油然而生

通过学生们的反馈可以看出，两门课程的课程思政教学紧密地结合当下中国、当今世界的具体情况，弘扬时代核心价值观，传播积极向上的正能量，使学生明确艺术的“使命感”，培养学生的家国情怀。

序号 1	3 016 209 420	陈宗伟	金融

说实话，作为一个大四的学生，在学校上了四年的课，修了一百多个学分，却着实第一次有机会上一堂精彩纷呈的课程思政课。这门“设计与人文——当代公共艺术”课程，是我大学生活的最后一门课，却也是最精彩的一门课。

王老师第一节课就对大家说，多笑一笑，刚刚谁笑了，大家都是留学生吗等这些幽默风趣的话语，都是其他课堂上所没有的。我以前以为，艺术课的老师，应该只懂艺术吧，王老师却博古通今，不论是汉武帝的历史，还是 20 世纪 70 年代的芝加哥故事，不论是融雪树还是爱丽丝梦游仙境，王老师都如数家珍，将知识融汇在课堂每个作品的讲解中。

当然王老师最重视的还是课程思政，王老师讲解的作品、主题，布置的大、小作业，都紧扣时代主题，与我思政课所学、时政热点、生活关切息息相关，从植物仿生到垃圾分类，从全球变暖到中国传统文化，每一件公共艺术的作品都能在时代的旋律中激起回响，都体现着课程思政带给我们的收获。这学期是我准备考研的一个学期，学习压力非常大，但是每周一节的艺术课却是我最专注，也是最享受的时刻，让我沉浸在当代公共艺术的世界里，尽情享受。

序号 2	3 019 208 163	李垚臻	求是智能

尚未接触课程时,我对于公共艺术的理解,仅仅停留于空旷广场中央的一尊雕塑,公园草地旁的一个模型,或者是路旁亮丽的彩灯拼成的模型,我也仅仅认为那只是起一些美化作用,可有可无,并没有真正地对它们产生过兴趣或好奇,也不觉得能在这些人造的、起装饰作用的公共艺术品上学到什么。经过一段时间的学习,我折服于课程中各式各样独具心裁的艺术作品,佩服那些大师们的独具一格的设计风范,更加叹服于每一件作品背后的灵感来源,设计思路与最后所达成的不仅仅局限于美感上的成就。公共艺术不是冰冷地伫立在那里与人分割的雕塑,而是带有人文关怀,包含着智慧碰撞的光芒与对美好希冀的具象化,每一件艺术品身上,都可以看出人类文明发展的痕迹,人类的智慧、理性、责任、创新与美好,在一件件艺术品上得到了体现与升华。好的艺术离不开社会的基础,好的社会也离不开艺术的熏陶。

学习了本课程,首先我的第一个感想就是,我对创新的理解有了新提升。创新,不一定要完全天翻地覆,颠覆认知,而是着眼于平凡,着眼于大局,着眼于多样美的相似与统一,将不同事物的联系扩大,改变物体的固有属性,在艺术品内便可能取得令人感叹的效果。其次,我发现理性思考是关键,因地制宜,随机应变,根据所需的目标与放置环境理性的构建艺术品,才能使艺术品获得更大的成效。比如《棒球棒》与《晾衣架》,倘若放置场景不对,作品效果便要大打折扣;韩国首尔的《矩阵之花》,如若没有以色彩与光亮显示当下关注较多的空气质量,或许也不会有这么高的评价与令人赞叹的效果;还有耶路撒冷的《Warde》,如若没有罂粟花这种植物人畜无害的外形,很难说人们不会因为它因感知而造成的花瓣闭合吓一跳,也就不会为耶路撒冷这样绿化程度相对较低的地方增添色彩。最后,凡是伟大的事物,抛去其亮丽的外表,背后一定有着深刻的思考与含义。我认为,一件优秀的艺术作品,其外在的绚丽与内在的蕴意的重要程度不相上下,如果只有外形哗众取宠,而没有内在寓意或无法给人震撼效果的,并不能算得上是顶级意义的作品。而一件包含人文关怀与思考,呼吁社会责任与改变的艺术品,才能更好地激发人们的共鸣,才能让我们去思考另一种层次的美,陶冶情操。我们并不是大海上的一座座孤岛,社会责任是我们每一个人所必须直视并必须去承担、去思考的事情。在课程中,我意识到公共艺术所承担的不仅仅是美化环境与视野,更是通过外在美去引领人们思考,给人以共鸣,达到精神层次的、对各种“美”的协调统一,而这些,离不开创新手法与艺术设计所构成的外观之美,也离不开社会责任与理性思考所带来的统一与思考之美。(见图 9-8、9-9)

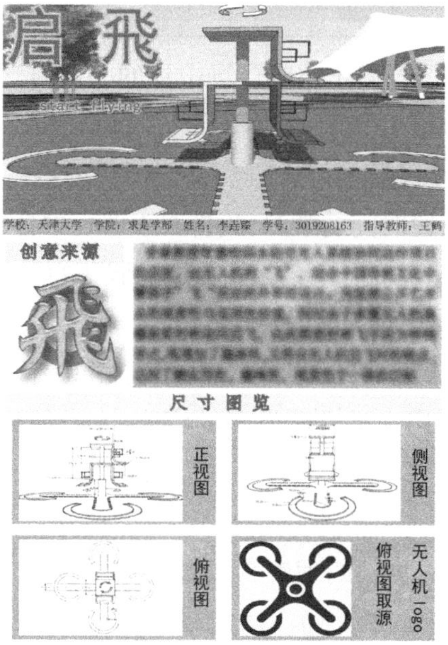

图 9-8 李垚臻同学的训练成果 1

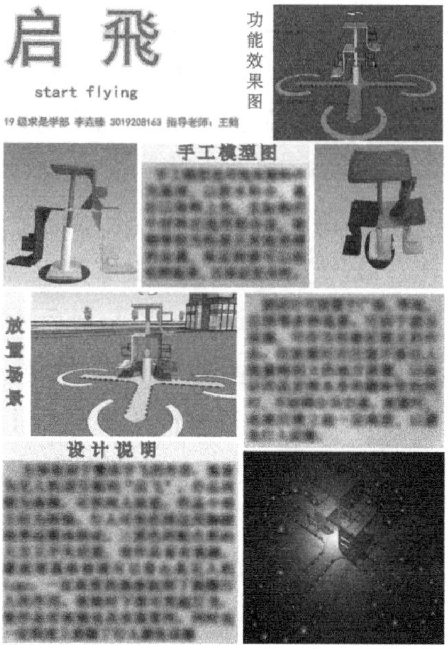

图 9-9 李垚臻同学的训练成果 2

序号 3	3 018 209 095	高蓉蓉	财务管理

经过一个学期对公共艺术的学习，我首先感受到了公共艺术的魅力，明白了一个城市的建设，不能缺少公共艺术的规划，这些公共艺术的介入，使城市建设有了人文艺术的含义，不再是冷冰冰的水泥、钢筋和砾石的堆积。

其次，对课程思政的学习过程感到很新鲜，这是我接触到的唯一一门强调课程思政的学科，让我在学习过程中对思政方面增添了不少兴趣。

最后，要感谢王鹤老师的辛勤教导，王老师在网课和实体课两方面同时进行课程的准备，才能让我们拥有如此好的课程体验，我们对公共艺术的了解离不开王老师的辛苦付出。

序号 4	3 018 209 408	许林宇	经管学部

在过去的一学期中，我有幸跟随王鹤老师进行了“设计与人文——当代公共艺术”课程的学习。在课堂上，老师不仅教会我们专业的设计知识，还将课堂与思想政治联系起来，教导我们关注时事，用自己的专业知识为祖国的发展做贡献。回望公共设计学科的发展历程，每一阶段的发展似乎都与社会息息相关，这也在不断提醒着我们，任何艺术都不能脱离现实而独立存在。在学习了公共艺术的设计理念之后，我们可以将这部分知识与自己所学的专业相结合，让艺术融合进各个领域，发挥它更大的作用。

序号 5	3 018 234 152	田雨浓	自动化学院

王鹤老师在公共艺术设计的课程教授过程中，时刻不忘让同学加强对课程思政的学习。课程思政学习，一方面体现在王鹤老师鼓励同学们积极响应国家政策与号召，他在介绍一些新的作品时会穿插一些提倡的新理念和国家的新政策，如绿色环保等主题课程；另一方面也体现在王鹤老师给大家布置的作业中，如王鹤老师鼓励大家在自己的设计作品中加入一些积极响应国家号召与政策的理念。课程思政的学习给同学们思想上增添了色彩，也能帮助同学们在学习的道路上走得更远更稳。

序号 6	3 018 001 113	郭晓娅	海洋科学专业

在“设计与人文——当代公共艺术”课程的学习中，我深刻体会到了公共艺术作品所体现的发展理念。从活水公园所展现出的成都的创新与开放，到同学们作品中所展现的对环境的保护与协调发展，都可以体会到我们所推崇的新发展理念。还有坐落“一带一路”沿线国家的公共艺术作品以及同学们为这些地区创作的作品，都极大地呈现出文化的交流融合，这 ·点是很打动我的，以一把伞保护他们失落的文明，以一件小小的作品展示出中国热爱和平的大国形象以及推动世界和平发展的愿望，以一份作业表达我们对沿线国家的美好祝愿。（见图 9-10）

图 9-10 郭晓娅同学在课堂发言

序号 7	3 018 230 021	毛茁铸	法学院

对于一名天大的法学学生，法律思维要求的是严谨以及清晰的逻辑，而“设计与人文——当代公共艺术”这门课程有利于提升法学学生的艺术修养和品位，全方位拓宽视野，增强综合素质，达到全面发展的效果。我的具体体会如下。

第一，该课程拓展了国际视野，响应了天津大学“全球视野”的人才培养目标。王老师上课带领我们畅游于全球各地著名公共艺术作品的海洋之中，比如未来之花、太阳能树等，使同学们有机会欣赏贯通中外的艺术。

第二，该课程有利于培养想象力和创造力，响应了天津大学“创新精神”的人才培养目标。两次课程作业，为同学们提供了良好的自主创造的契机，利用现成品或二维设计方法，创造出具有形式美的单体公共艺术概念设计。

第三，公共艺术是一门源于生活而又高于生活的艺术。它并不是遥不可及的，而是我们可以接触和创造的，同时还考验着跨学科的基础或技能，比如建筑学、美术学、绘画、建模、排版等技能。

第四，公共艺术有很高的应用价值和实用性。如果运用恰当，就能为城市的市政基础建设、城市文化氛围、时尚感、时代感、审美等添砖加瓦，彰显新时代的精神气质。

王老师平易近人，授课风趣幽默，每次上课同学们都很开心，公共艺术课也是一门很有价值的课程，希望它能一直办下去，并成为知到、中国大学慕课、学习通中众多课程中最耀眼的一颗明珠！

序号 8	3 016 201 251	霍超博	能源与动力工程

王鹤老师的这门课让我能够清晰地了解到公共艺术这种新兴的艺术形式，通过实际案例分析公共艺术的发展过程，让我切实感受到公共艺术的魅力。这节课不仅仅是对于公共艺术的讲解和启示，还从中折射出了整个艺术圈的发展近现代史，从无到有，从具体到抽象，我们的艺术随时代的变化每时每刻都在产生巨变，这就是日新月异的科技发展造就的现代文化缩影。王老师的课程设计新颖，讲授精炼，带给我全新的视觉视听角度，用丰富的案例讲述了公共艺术的设计方式、方法，通俗易懂，生动有趣，感谢王鹤老师带给我这样一门如此精彩的课程。

序号 9	3 019 225 137	李志超	城乡规划

在“全球公共艺术设计前沿”课线上学习过程中，我收获颇多，既提升了审美素质，开拓创新思维，锻炼动手能力，传承工匠精神，提高思政修养，还通过《快递包装：生态之殇》作品，将内心极具社会责任感的人文关怀直观表达。模块化教学内容、见面课与视频无缝相接，电子教材与视频通融等课程设计都改善了传统慕课的教学不便，效果显著。

最令我感动的是王老师的“一对一教学”，他针对每个人的创意稿提出个性化建设性意见。老师一针见血地指出我的初稿排版和尺度接近的单体组合形式的两大缺陷，我通过参考邮件中后附的排版案例修改后，图纸润色不少。与权威人士平等探讨设计的感觉真的很奇妙！

课程中突破时空限制次元壁的作品展示与公开讨论值得点赞。在讨论区内，既能学习他人优点，又能收获同学们的肯定与建议，在前期努力得到认可的同时，也有进步空间。

艺术来源于生活，又高于生活，就是偶然却必然的取快递生活体验为我带来了一系列作品的灵感。为鼓励快递包装的瘦身转型，我采用植物仿生手法，对不宜降解的胶带、泡沫进行直观视觉化处理，摸索主次对置的组合形式，和谐处理色彩、尺度与环境的关系，视觉效果与主题深度都得到突出。（见图 9-11、9-12）

图 9-11　课堂学习场景

图 9-12　同学们进行课堂汇报

序号 10	3 019 206 147	郭涵琪	建筑类

创意稿的不断完善就是一次次头脑风暴。善于敏锐观察，就是设计的伊始。

“全球公共艺术设计前沿”这门课不仅锻炼了我的创新思维，而且让我明白了，一个创意的出现很容易，但是一个合适且能落实的创意是需要不断探索挖掘的。在这个过程中，我学会去思考一个个创意可实现性，然后否决或是完善。创新精神是需要发掘与锻炼的，而这门课恰恰给我了这样一个机会去发掘自己除了确定答案以外的潜能。更重要的是，我开始了解思考社会现实问题。我的第一个选题是关于留守儿童的，虽然由于我的认识不足最终没有成功深化，但是在我不断查阅资料、翻看老师发送资料视频的过程中，我意识到了扶贫助学的重要性，更加直观地了解到我无法想象的失学儿童现状。在看《筑梦宕昌》作品时，我印象最深的是老师的那句话：“学生在哪里，哪里就应该有老师。”随后，我报名了北洋薪火项目，也希望能够为这些孩子做一点小事。关于环境保护的选题让我认识到全球生态环境问题解决迫在眉睫，我也接触了一些暑假环境保护项目，认识了一些志同道合的朋友。我觉得这门课程的意义已经不仅是思维能力、软件使用等方面的提高，更多的是赋予我们社会责任，让我们关注社会现实问题，意识到自己需要做些什么，能做些什么。这堂课传授给我的不仅是课程设计内容，更是对社会责任的重新审视与理解。（见图 9-13、9-14）

图 9-13　郭涵琪同学的训练成果 1

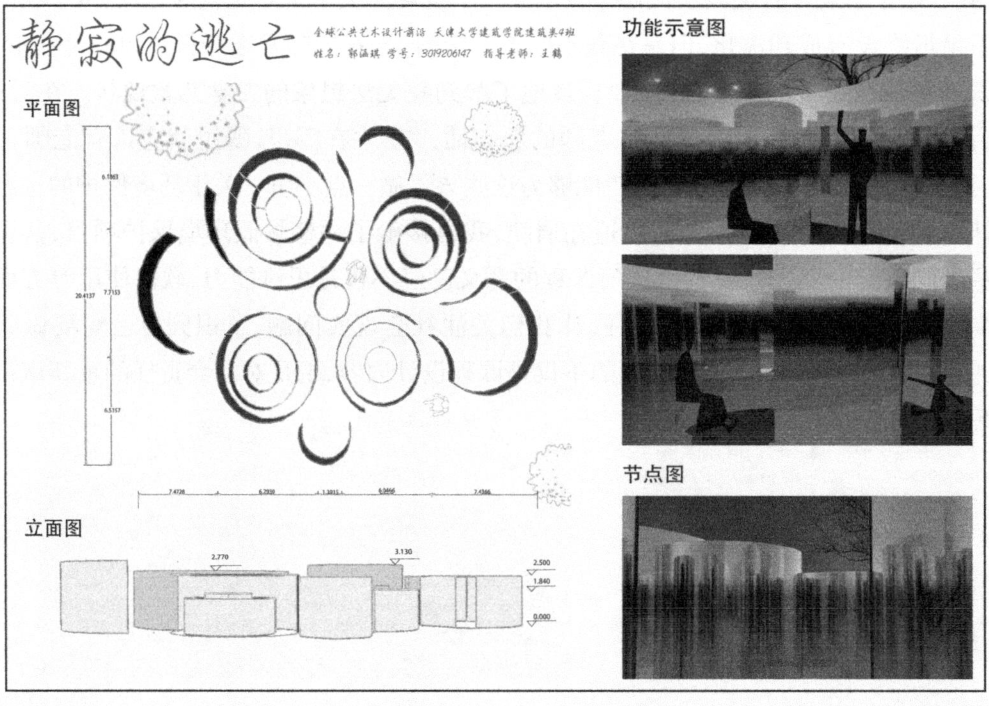

图 9-14　郭涵琪同学的训练成果 1

后记

2019年,我应天津大学教务处邀请,为当年所有新入职教师做教学岗前培训。印象中,一位新入职老师提问:您是怎么做到能出版十余部教材的?我很惊讶会遇到这样的问题,因为我其实并没有思考过这个问题。于是不假思索地回答出了我的经验:我从来没有刻意为之。这些教材都是扎根于理论研究与教学实践之中的。每一个新学期,每一门新课程,都不能循规蹈矩、萧规曹随,而应根据国家需要、时代发展、学情变动进行不懈的改革,应根据当年高等教育理论新发展进行教学目标和教学理念的改革。以本书为例,这些思考汇聚成的指导实践的理论,构成了本书的第一章、第二章。然后,如何通过案例讲解教学内容的改革与创新,帮助学生们认识到这一点,构成了本书的第三章、第四章。当然,其篇幅可根据教学目标改革的雄心、学生的数量和学时数而调整。要想考查学习成果,就需要进行基于新理念的教学评价改革。特别是在当前国家鼓励课程思政建设、鼓励提升育人效果的大背景下,新教材、新课程必须将专业知识和育人效果融为一体,这便构成了本书的第五章至第七章。如果篇幅允许,书中还应当涉及通过师生(包括线上的)的客观评价、反馈修正以前的教学实践,形成闭环的内容,或者通过竞赛获奖去寻求社会评价,用大量的学生获奖经验来验证教学改革的效果的内容,这便是教材的第八章和第九章。说到这里,其实可以发现这就是本书的基本框架。

本书的大多数内容都源自2020年新冠肺炎疫情防控期间的线上教学。以往面对面授课虽然能传递更多信息,但是课堂上的教与学相关的交流等内容往往都无法保存下来,而线上教学期间,我与同学们一对一通过邮件、微信沟通,虽然工作量大大增加,但师生进行的交流都能够完整保存下来。在注重过程评价和个性化培养的教学中,这本身就是一笔宝贵的资源和财富。所以,本书使用了整整100个包括师生沟通、教师评语和完整成果导向的案例,按十个训练主题展开。前面也说过,由于篇幅所限,本书对这些案例进行了三个等级的区分,采用规模递减式的编写方法。在本书基本框架完成后,我又基于此书的相关研究申请了天津大学本科教学改革项目,入选天津大学“十四五”出版规划,并得到天津大学出版社编辑的认可,这些都促使我进一步完善本书。虽然我总是想尽可能把新内容、新实践融入其中,但写一本书就像拍一部电影一样,总有杀青的一天,那就是今天。党中央和教育部提出了课程思政与全程育人的目标和动力,我们这些一线教师应该全身心去实践。我有幸能够生在这个时代,能够大展身手,感谢天津大学教务处的大力支持,感谢天津大学出版社的慧眼识珠,感谢为这部教材出过力的朋友们。感谢我的家人,特别是我的父母和我的妻儿,是他们不断鼓励我,照顾我的生活,让我没有后顾之忧,在多所高等院校的任教经历也为编写本书提供了众多素材。还要特别感谢我正在中国传媒大学攻读博士的表外甥时毅,他为本书的编写也做了很多案头工作,在此一并表示感谢。

王鹤

2022 年 5 月于天津大学